子どもが主役で未来をつくる

紛争、貧困、環境破壊をなくすために 世界の子どもたちが語る20のヒント

小野寺愛＋高橋真樹 [編著]
ピースボート [編]

合同出版

はじめに》

「世界はたいへんだね……」で終わりにしないために

「不幸な子どもを並べるカタログみたいな本にはしたくない」
　それがこの本を作った私たち執筆者の合い言葉になりました。なぜなら、これまでの「世界の子どもたちの現状を伝える」といった本やテレビは、たいてい「かわいそう」「たいへんだね」という印象を与えて終わってしまうものが多かったからです。そしてチャンネルを変えてこう言います。「世界はたいへんだけど、日本は平和でよかったね」と。確かに、世界の子どもたちをとりまく状況はあまりにも過酷です。だから「私たちにできることは何もない」と思うのも仕方のないことかもしれません。
　でも、世界各地で子どもたちの状況を改善しようと努力してきた私たちは、そうした同情や哀れみだけでない、異なった側面も知ってほしいと思ってきました。
　戦火にまみれて、地雷原で、あるいは貧困の中で暮らす子どもたちは、たいへんな状況を前にしても、ただ打ちひしがれて、支援されるのを待っていたり、絶望しているというわけではありません。彼らなりにその困難に立ち向かい、夢を捨てずに生きていこうとしています。どこからそんなパワーがあふれてくるのかというほどのたくましい姿に、かえってこちらが勇気づけられることもあります。
　そうした子どもたちの中には、ほんのちょっと手を貸してあげるだけでも状況が劇的に変わる場合もあります。本書では、20カ国の子どもたちがどのような状況で暮らし、どんなチャレンジをしているのかを子どもたちの視点から取り上げています。また、「あなたにできること」

を具体的に紹介しています。

　「自分にできることなんて……」と思うかもしれませんが、じつはそれほど大それたことではありません。ここで紹介するようなNGOが行なっているさまざまなプロジェクトは、子どもたちとみなさんをつなぐ架け橋になることでしょう。「支援」と言ってもその方法は、多くの人びとがイメージするようなお金や物を送ることだけとは限りません。子どもと交流することだったり、絵や手紙を送ることだったり、あるいは世界にアピールするための署名にサインをすることだったりと、求められている「力」はさまざまです。これまで「何かしてみたいけれど、どうしていいかわからなかった」という人は、ここで取り上げられている「あなたにできること」を参考に何かひとつ、チャレンジしてみてください。本書に出てくる子どもたちは、そのヒントを与えてくれています。

　もちろん、子どもをとりまく状況も、そしてこの世界のあり方も、「簡単に変える方法」なんてありません。だからといって、何もできないというわけではない、ということを知ってほしいのです。本書が、みなさんが行動を起こすきっかけになってくれたらうれしく思います。まずは、知ることからはじめてみましょう。そこからは、「日本は平和でよかったね」とは言い切れない、私たちとのつながりも見えてくるはずです。

高橋真樹

この本の舞台となる20の国と地域

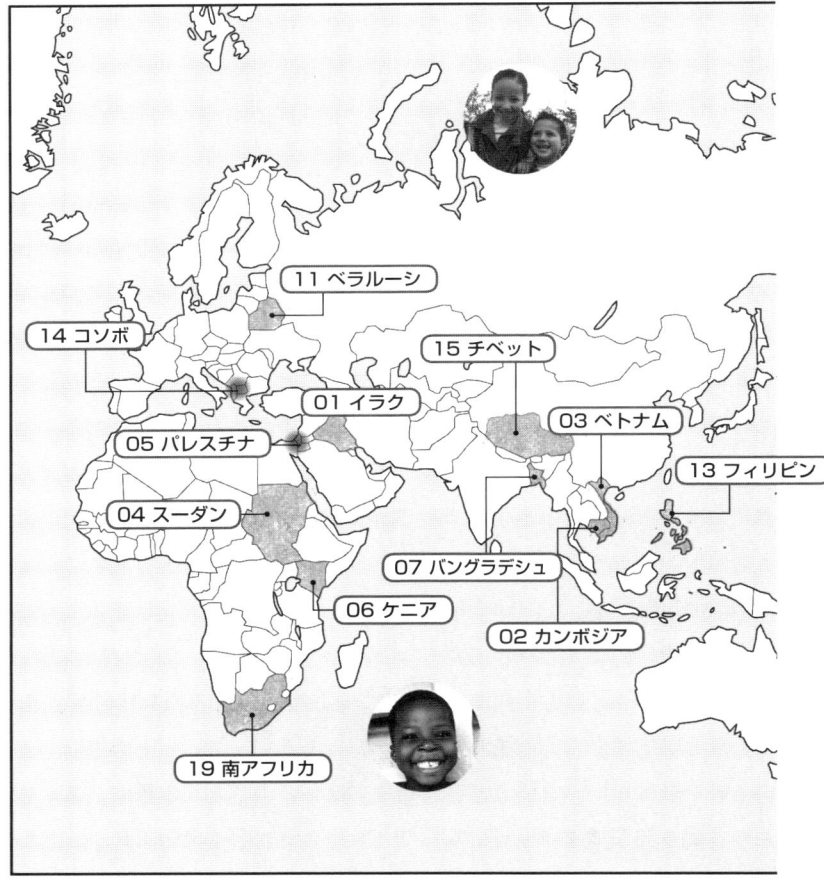

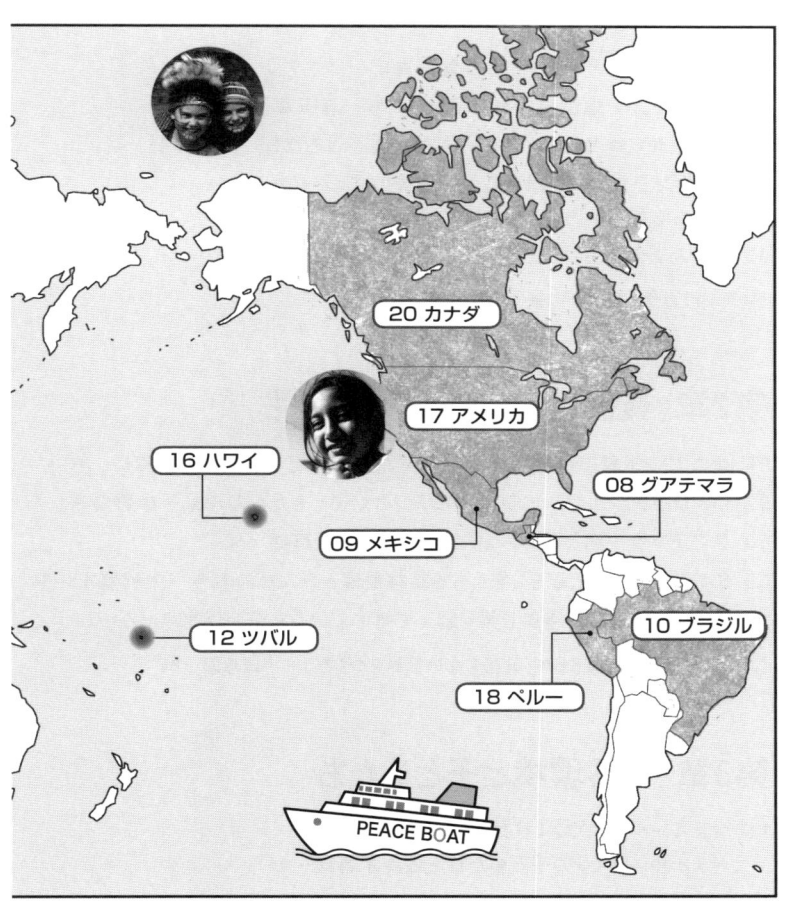

もくじ

はじめに…2

第1章 紛争に生きる子どもたち

01 イラク―戦争と子どもたち―佐藤真紀…10
02 カンボジア―地雷原の村の子どもたち―森田幸子…18
03 ベトナム―終わらない戦争―枯葉剤と子どもたち―高橋真樹…24
04 スーダン―自立を目指して―紛争後のジュバに生きる
　　子どもたち―中西美絵…32
05 パレスチナ―ガザ、空爆の下で暮らす家族―高橋真樹…38

［コラム1］ガザ問題のその後―高橋真樹…44

第2章 貧困とたたかう子どもたち

06 ケニア―学校に行きたい―ムトゥワパ村の子どもたち―高橋真樹…46
07 バングラデシュ―フェアトレードがつむぐ子どもたちの未来―小野倫子…52
08 グアテマラ―病とたたかう子どもたち―高橋真樹…60
09 メキシコ―環境と暮らしをまもる森林農法とみんなのお金―中村隆市…66
10 ブラジル―貧困と格差を乗り越えて築いていく未来―下郷さとみ…74

［コラム2］軍事費を減らして、貧困のない世界をつくろう―小野寺愛…81

第3章 自然環境と子どもたち

11 ベラルーシ―コウノトリよ、はばたけ！
　　―チェルノブイリの子どもたち―佐々木真理…84
12 ツバル―海面上昇によって脅かされる豊かな暮らし―遠藤秀一…92

［コラム3］①子どもたちの「ふるさと」を奪うのは誰？―高橋真樹…99
　　　　　②自然エネルギー革命！―小野寺愛…100

第4章 差別に挑む子どもたち

13 フィリピン―お父さんに会いたい
　　―ジャパニーズ・フィリピーノ・チルドレン―高橋真樹…102
14 コソボ―みんな同じ人間―共存をめざすコソボの子どもたち―矢澤実穂…108
15 チベット―母語をとりもどすチベット難民の子どもたち―深津高子…116
16 ハワイ―先住民の暮らしとマカハ農園―小野寺愛…124

[コラム4]「参加する子ども」をうたう「子どもの権利条約」―高橋真樹…130

第5章 未来をつくる子どもたち

17 アメリカ―銃社会と若者たち―上野 玲…132
18 ペルー―子どもたちに笑いを！
　　―砂漠の街の子どもアーティスト―高橋真樹…138
19 南アフリカ―音楽に夢をたくして―津山直子…144
20 カナダ―「地球環境サミット」を感動でふるわせた12歳の少女
　　―セヴァン・カリス=スズキ＋小野寺愛…150

[コラム5] ①伝説のスピーチ―セヴァン・カリス=スズキ…158
　　　　　②「A World Fit for Us―わたしたちにふさわしい世界へ」―小野寺愛…159

もっと知りたい人のために…160
おわりに…164
執筆者紹介・編者紹介…166

カバーデザイン――六月舎＋守谷義明
組版――Shima.
編集担当――齊藤暁子

第1章
紛争に
生きる
子どもたち

01 イラク
戦争と子どもたち

◆イラクを攻撃したら世界は平和になりますか？

　2001年9月11日、ニューヨーク。ツインタワーと呼ばれる2棟の110階建ての貿易センタービルに、2機の民間機が突っ込みました。ビルは、その後倒壊してしまい、3000人近くの犠牲者がでました。アメリカは、アフガニスタンのタリバン政権がこのテロに協力したとして、10月には空爆を開始し、イラクもこのテロに関係しているのではないかと言い立てて、大量破壊兵器を持っていて、それを使ってテロを起こすにちがいないから先にやっつけようと、イラクへの攻撃を主張しました。

　しかし国連は、「イラクが大量兵器を開発・保有しているかどうかは、査察団を派遣して、見つかれば破棄していけばいい」として攻撃に反対し、査察の強化を求めました。サダム・フセイン＝イラク大統領は国際社会の圧力によって、'02年11月13日、国連の査察を全面的に受け入れることを決め、実際に国連の査察団がイラクで査察を開始したので、アメリカがイラクを攻撃する理由はなくなったはずでした。

　'02年9月、私は、「バビロン音楽祭」に参加する日本人にまざって、イラクに入国しました。日本には、サダム・フセインの「悪行」を伝える以外の情報がほとんどなく、「イラクは怖い国だから攻撃しなければいけない」と言われれば、「そうなんだ」と思ってしまう人も多かったのです。でも戦争で犠牲になるのは、無実の人びとで、その多くが子どもたちです。

　アメリカの一方的な言い分によって、イラクへの攻撃をほんとうに支持してよいのか、イラクの普通の人びとや子どもたちの立場にたって判断してほしいと思い情報を集めに行きました。しかし、「バビロン音楽祭」に参加する者には、イラク政府の監視もきびしく、子どもたちと触れ合うこともできませんでした。今度は1カ月後、単身イラクに入国することにしました。

chapter 1　紛争に生きる子どもたち

> 私たち子どもは、なぜ
> 大人が戦争を起こしたのか
> 聞きたいのです。
> 　　　スハッド・サエッド（9歳）

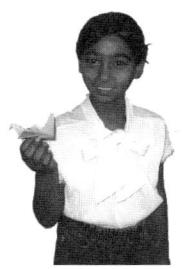

　バグダッドでは、世界の人たちがイラクへの攻撃に反対してくれることを願い「国際子どもフェスティバル」（'02年10月）を開催しました。会場で私は、原爆の話や千羽鶴の話をイラクの子どもたちに語り、平和を祈って一緒に鶴を折り、絵を描いてもらいました。

　そのとき、9歳の少女スハッドに出会いました。目がくりくりと輝いていました。うまく描けないのか、彼女が描いた少女の絵には、指がありませんでした。私が「指は何本ある？　じゃあ、5本描いてみようよ」と言うと、今度は男の子の絵を描きました。両手を開いた男の子は女の子を守っているようでした。

　スハッドの夢は、「子どものお医者さんになること」。

　イラクの病院は経済制裁で、薬が不足していて、子どもたちがたくさん死んでいるので、なんとかしたいと言うのです。

　私は日本にもどると、スハッドの絵に「イラクを攻撃したら、世界は平和になりますか」というコピーを添えてポスターにし、イラクの子どもたちの様子を紹介しました（14ページ）。

　日本でも、多くの人がアメリカのイラク攻撃に反対の声をあげていました。平和集会にも多くの人が集まり、スハッドのポスターを持ち帰ってくれました。当時日本の新聞の世論調査では、約60％がイラク攻撃に反対していたのです。

◆イラク攻撃が始まる

　しかし、日本政府は国民の意思に反して、アメリカのイラク攻撃を支持しました。そして'03年3月20日の夜明け前、アメリカ軍のイラク攻撃が始まりました。「衝撃と恐怖」（"Shock and Awe"）と名づけられたこの作戦は、集中爆撃をイラクに撃ちこみ、その圧倒的な破壊力をイラク軍に見せつける

バグダッドを占領したアメリカ軍兵士

ことによって「衝撃と恐怖」を植えつけるというものでした。

　それによってイラク軍の戦意を失わせると同時に、市民の生活を支えている水道、電力、道路、公共施設などを徹底的に破壊し、「バグダッドに安全な避難場所をなくしてしまう」という目的を持っていました。バグダッドは、一瞬にして戦場と化し、爆弾があちこちに落とされました。

　スハッドは、5人きょうだい。お父さんが音楽学校の小学部の用務員をしていたので、家族で学校に住みこんでいました。空爆が始まると、一家は校庭に掘った防空壕に逃げ、一夜を過ごしました。学校にはイラク軍がやってきて警備にあたっていましたが、爆弾が落ちて、お母さんが破片でけがをしてしまいました。イラク兵は「ここは危険だから避難するように」と言いました。一家は、郊外の実家に疎開しました。

　4月9日、アメリカ軍がついにバグダッドを制圧。サダム・フセインの銅像は、引き倒され、長く続いた独裁政権は崩壊しました。イラクの人びとはアメリカ軍の戦車が街中を通過するのを複雑な気持ちで見守っていました。「殺されるかもしれない」と思う一方で、「もしかしたら、民主主義の新しいイラクができるのかもしれない」と期待する人もいました。

　スハッドの家族が学校にもどってくると、校舎がめちゃくちゃに壊され、楽器が散乱し、ピアノも壊されていました。じつは、これはアメリカ軍の仕業ではありませんでした。イラク人が略奪を始めたのです。「子どもたちが音楽を学べない。どうしてこんなことを」とお母さんは、涙を流しました。

　学校だけではありません。病院も壊され、薬品が略奪されました。スハッドは、なぜこんなひどいことになったのか理解できませんでした。「戦争はいやです。平和が好きなのに。私たち子どもは、なぜ大人が戦争を起こしたのか聞きたいのです」

　アメリカの占領は続き、フセイン政権にかわる政府ができないまま、治安

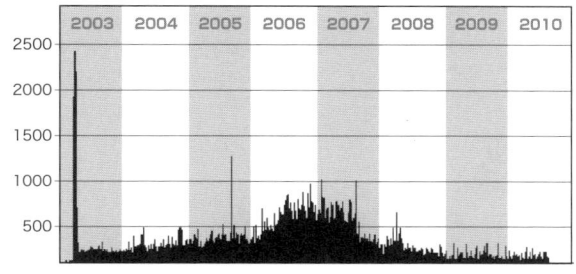

イラクの1週間ごとの
死者数
(イラクボディカウント)

はどんどんと悪化していきました。アメリカ軍のずさんな治安管理のせいで、国境からはテロリストたちがイラク国内に入り込み、アメリカ軍だけでなく、イラクの一般市民も巻きこんだ爆弾テロが頻発するようになりました。一方、アメリカは、「テロとの戦い」を続け、罪もない一般市民とテロリストを見分けることもできずに殺していきました。

◆地獄になったイラク

'05年12月の選挙で選ばれた新しいイラク政府は、イランに後ろ盾されたイスラム教のシーア派勢力が中心でした。サダム・フセイン政権下で優遇されていたスンニ派と対立し、政治の場に宗派対立が持ちこまれ、それぞれの政党が民兵をかかえて、勝手に道路に検問所をつくっては、ちがう宗派の人を捕まえ、拷問にかけたり、殺害したりしました。今まで、一般の人びとが宗派でいがみ合うことはなかったのに、政治家は宗派対立を利用しました。

殺したら、殺し返す。イラク情勢は、泥沼に入り、1日に100人以上もの人が殺される日々が続きました（上のグラフ参照）。バグダッドでは、朝には首を切られた遺体が転がっていることもありました。多くの人が脅され、家を捨てて逃げました。街中には壁ができ、宗派のちがう人たちの住みわけが始まりました。

◆演奏を始めたスハッド

僕は、イラクの支援を続けようと、'04年には当時、諏訪中央病院の院長をされていた鎌田實医師を訪ね相談しました。イラクでは、アメリカ軍が使用した劣化ウラン弾が原因でがんの子どもたちが増えているといいます。でも、戦争のためにきちんとした治療ができません。まず薬が不足している。設備がない。医者の技術が低い……。

スハッドが描いた絵

　専門家の協力が必要です。鎌田医師は、「よし、やろう」と言ってくれました。それでできたのが、JIM-NET（日本イラク医療支援ネットワーク）です。
　イラクからのニュースは、暗いニュースばかりでした。日本人の多くは、イラクの状態にうんざりし、無関心になっていきました。それでも、僕たちは、支援を続けなければなりません。
　'07年のこと、JIM-NETのイラク人スタッフがスハッドからの手紙を送ってくれました。
「傷ついたイラクから日本の子どもたちへ最上のあいさつをもって手紙を書きます。みんなのことが恋しいし、みんなのことをもっと聞きたいです。
　あの楽しかった日々がまた帰ってくればと思うけど、今のイラクの現状はそれを許しません。もし私に翼があり、たくさんの国を越えて私のきょうだいである日本のみんなに会えたらどんなにすばらしいことでしょう。
　私の家族や友人からの思いも込めて、みなさんに平安がありますように。残念なことに、世界中の紙を集めても私の気持ちを書き尽くすことはできません」
　多くの日本人はイラクのことなどすっかり忘れてしまっているのに、スハッドは、私たちのことをおぼえていてくれたのです。
　'08年頃から、バグダッドの治安も少しよくなってきました。一時、イラクを離れていた市民たちももどってくるようになり、その中には、音楽家もいました。オーケストラの活動も再開されるようになりました。
　イラク人スタッフは、しばしば、スハッドを訪ねてくれました。スハッドはこの「イラクナショナルオーケストラ」でオーボエの演奏をしているというのです。彼女の家は貧しく、楽器を買うお金もなかったのですが、学校に住んでいるのでいつでも楽器に触ることができ、バグダッドが地獄と化した頃は、きょうだいで楽器の練習をして時間をすごしたと言っていました。

chapter 1 ≫≫ 紛争に生きる子どもたち

病気の子どもを見舞うスハッド

　スハッドは、「イラクでは、多くの子どもが戦争で傷つき、今も爆弾で死んだり、けがをしています。そんな子どもたちを助けたいのです」と、このオーケストラでチャリティコンサートができたらいいなと望んでいました。オーケストラの責任者のカリームさんも、「イラクと日本は同じように恐ろしい戦争の目撃者です。私は、日本とイラクが、お互い協力し合い平和をつくり出すことを望んでいます」と、音楽家として平和な国づくりに貢献したいと語ってくれました。

◆ 16歳になったスハッド

　'09年8月、私は、5年ぶりに16歳になったスハッドに再会することができました。JIM-NETが新しく北イラクのアルビルにある小児がん病院を支援すると聞いて、楽器を携えて応援に駆けつけてくれたのでした。
　病院のロビーは、大勢の患者や付き添いの人でごった返していました。そのロビーで、スハッドが5人のきょうだいで一緒に演奏を始めると、興味津々、大きな輪ができました。病院の先生や看護師さんたちも、わざわざ演奏しに来てくれたことに励まされたと、大喜びでした。
　スハッドはすっかり大人っぽくなっていましたが、きらきらした目は、7年前に初めて出会ったときと変わりません。スハッドの夢は、「お医者さんになって、子どもたちを助けることだ」と言い、同じ夢を持ちつづけていました。

◆イラクを攻撃して世界は平和になりましたか？

　イラク戦争で、未だに苦しんでいる人びとがたくさんいることを考えると、この戦争を支持した日本政府と、戦争を止められなかった私たちの責任は大きいのです。
　しかし、日本政府は、イラク戦争を支持したことは正しかったと言いつづけ

スハッドが描いた絵に
キャッチコピーをつけたポスター

ています。中心になって戦争を進めていったアメリカ政府、イギリス政府は、誤った情報で戦争を始めてしまったことは、認めています。イギリスでは、'09年には、第三者検証委員会を立ち上げ、ブレア元首相や、現職のブラウン首相を証人として喚問しています。国連決議もなく、他国へ侵攻するからには、相応の理由がなければなりません。その理由がなんだったのかが問われています。しかし、日本では、良好な日米関係を維持することが正しい選択だという論理がまかり通っています。今後もアメリカの戦争に無条件に加担しつづけるという姿勢につながり危険です。

イギリスに並び、日本も事実関係を明らかにし、何が間違っていたかを検証する必要があります。そこで、政権交代した民主党政権にきちんとした検証を行なうように要請するために、'09年冬「イラク戦争の検証を求めるネットワーク」が立ち上がりました。

戦争を支持した政治背景の検証も大切ですが、イラクで何が起こったかという被害状況を検証して支援を続けることも私たちの責任です。そして、戦争をどうして市民が止められなかったのか、このことも検証しなくてはなりません。

スハッドは、「イラクの国が、戦争やテロで怖い国だと思われたくないんです。私たちがみなさんと同じように音楽を愛し、文化を持っていることを知ってほしい」と願っています。「イラクを攻撃して世界は平和になりましたか？」「イラク人はテロリスト」というアメリカのうそを簡単に信じてしまった人たちに、スハッドの音楽を聴いてほしいと念願しています。（佐藤真紀）

chapter 1 >>> 紛争に生きる子どもたち

More Information

◎ JIM-NET（日本イラク医療支援ネットワーク）

〒171-0033　東京都豊島区高田 3-10-24　第二大島ビル 303
TEL/FAX　03-6228-0746
ホームページ http://www.jim-net.net

◎イラク戦争の検証を求めるネットワーク

●詳しくは以下の HP にアクセスしてください。
ホームページ http://iraqwar-inquiry.net/

◎あなたができること

1）イラクの子どもたちのことを知ろう

・JIM-NET では、ホームページで子どもたちの様子を紹介しています。
・本を読む。子どもでも楽しめる絵本を作っています（下記に一例を紹介しています）。
・イラクの子どもの絵画展に行く〈展示会の情報はホームページをご覧ください〉

2）募金をする（いずれもホームページで紹介しています）

・バレンタインデーに募金をすれば、イラクの子どもの絵がデザインされたかわいいチョコがもらえます（500 円の募金で 1 個差し上げます）。
・イラクの子どもの描いた絵がポストカードになっています。ポストカードを買うことで支援になります（1 枚 100 円）。

3）ボランティアをする

・展覧会やイベントのお手伝いをしませんか？
ボランティアの登録、お問い合わせはこちらへ
E メール info-jim @ jim-net.net

イラクの子どもたちの描いたポストカード　　バレンタイン用のチョコレート

02　カンボジア
地雷原の村の子どもたち

◆子どもたちと地雷

　「クメールの微笑み」と呼ばれ、人びとのやさしい笑顔が魅力的な東南アジアの小国・カンボジア。豊かな土地と豊富な水に恵まれたこの国では、昔から農業が盛んでした。しかし、1970年頃から20年以上続いた内戦のために土地は荒廃し、ほとんどの人びとが貧しい生活をよぎなくされています。

　とくに農村部では内戦中にばらまかれた400万から600万個といわれる地雷が、今も人びとを苦しめているのです。10年ほど前は年間1500人を超える被害者が出ていました。少しずつ減ってきてはいますが、それでも2008年の1年間で260人以上の死傷者が出ています。

　地雷の爆破事故がなくならない理由は、人びとのすぐそばに地雷が放置されているからです。畑仕事や、水汲みをする女性や子どもたちが地雷を踏んで手足をなくす事故が絶えません。子どもたちはマキ集めや家畜の世話などをしていますが、こうした場所には地雷が埋められていることが多いのです。

　'07年、'08年とも、被害者の約4割が子どもと報告されています。地雷をおもちゃと間違えて拾い上げけがをするケースや、遊びに夢中になって地雷原に入り込んでしまうといった、子どもならではの事故があるうえに、体が小さい子どもは大人よりも深い傷を負ってしまい、爆発で即死しなくても、出血多量や爆発のショックで死亡して、生存率がとても低いのです。

　地雷は子どもの将来にも取り返しのつかないマイナスを与えます。地雷原によって移動の自由が制限され、学校に行けないという事態も起こっています。基礎的な学力がないために、仕事を得ることができなくなります。

◆地雷原の村

　私たちピースボートは、10年以上にわたってカンボジアの地雷除去を支援

chapter 1 >>> 紛争に生きる子どもたち

ぼくは地雷のために
小学校に通うことが
できなかったんです。
ソック・リン（18歳の小学生）

してきました。とりわけ力を入れてきたのが、地雷を除去した後の土地に小学校を建設するプロジェクトです。戦争で荒廃したこの国の復興には、学校を建てることが不可欠だからです。

　1975年から79年、内戦中のカンボジアを支配したポル・ポト政権は、政治家、裁判官、弁護士など、教育を受けた人たちを皆殺しにしました。知識人による政権批判を恐れたためです。学校教育は禁止され、校舎は破壊され、教師も皆殺しの対象となりました。そのためにこの国では、今でも教師が不足しています。カンボジアに小学校を建て、学校教育の再生を支援をすることは、カンボジアの未来を担うつぎの世代を育てることにつながります。

　ピースボートが支援しているコーケー村は、カンボジアの悲しい歴史を象徴するような村でした。カンボジア北部にあるこの村は、ジャングルの中に100以上の寺院遺跡が点在する由緒ある古都です。これらの遺跡が建造されたのは10世紀頃で、この国でもっとも有名な世界遺産であるアンコールワットよりも古い時代に造られました。

　ところが村は内戦時代に激戦地となり、村中の人が避難民となってしまいました。内戦が終わり、'98年には村人がもどってきましたが、村はほとんどが地雷原になっており、数年後、民家の周辺の地雷は除去されましたが、他はすべて地雷原なので、小学校を建てることもできなかったのです。

　村長のディム・ドーン（45歳）は、内戦のときに地雷を踏んで右足と手の指を数本失いました。ディム村長は、つぎのように語っています。
「私はいつも杖を使っています。義足を使ったことはありません。義足を援助している団体もあるそうですが、このような田舎では義足の情報などないので、被害者は義足をつけることなどできません。村には私のほかに3人の地雷被害者が生活しています。ひとりは女性で、足を失った自分の体を人に見られるのがつらくて、人前に出ようとしません。苦しんでいるのは被害者

探知機を使って
地雷を除去する人

コーケー村の村長

だけではありません。村の人たちははほとんどが農業で暮らしていますが、地雷のために田畑を広げることもできないのです」

 この村では世帯の平均年収が約70米ドル。今も地雷のせいで、内戦中とほとんど変わらない貧しい生活を強いられています。

◆特別授業

 '05年、コーケー村の地雷を取り除くためにピースボートは全国各地で街頭募金を行ない、285万円のお金が集まりました。その後、数カ月がかりで村の地雷を取り除く作業が行なわれ、そこに小学校の校舎が完成したのです。村の人口350人のうち約100人が子どもで、今では70%の子がこの小学校に通っています。'07年の暮れに、私たちが村の小学校を訪れたときは、校庭で男の子はサッカーボールを追いかけ、女の子たちはハンカチ落としやゴム跳びを楽しんでいました。これまでは勉強できる場所だけでなく、遊べる土地もなかったけれど、やっと子どもが安心して走り回れるようになりました。村のほとんどが地雷原なので、学校の敷地も柵で囲まれています。

 教室では、この日は特別授業が行なわれていました。
「みんな、これは何かわかるかなー！」
「じらいだー！」

 子どもたちの興奮した声が教室に響きました。カンボジア地雷対策センター（CMAC：23ページ参照）のスタッフが、イラストやビデオを使って地雷の説明をしています。子どもたちには地雷の形や危険性、そして見つけたときには触ってはいけないことなどが教えられていきます。授業は午前中だけで、子どもたちは午後から草刈りやマキ集めの手伝いをしますが、その作業も危険だらけです。絶対に安全な道からはみ出さないように教えられます。

 こうした、各村の実情にあわせた地雷回避の教育はとても重要です。地雷

chapter 1 ≫≫≫ 紛争に生きる子どもたち

学校でハンカチ落としをする
子どもたち

原に暮らす人びとは情報がないため、地雷については何も知らずに暮らしているからです。コーケー村でも、こうした教育が行なわれる前は、子どもが地雷とは知らずに拾って遊んでいたこともありました。幸い、爆発はしませんでしたが、一歩間違えば大事故につながります。こうした地雷回避の教育が全国で行なわれるようになってから、地雷の被害は減ってきています。

◆ 18歳の小学生

　コーケー小学校の5年生のクラスに、180㎝の長身で引き締まった体をした18歳の青年、ソック・リンがいました。「紛争が長引いていたので、ぼくは小学生の年齢になっても勉強することができなかったんです。これまでは小学校のある村までは遠くて、自転車を持っていなかったぼくは通えなかったけれど、コーケー小学校ができた今は、歩いて10分で行けるようになりました。ノートや鉛筆といった文具はほとんどないけれど、毎日学校で勉強できることがほんとうにうれしいですね」と、リンは話しました。

　リンは美しい声の持ち主で、自分でつくった「愛の歌」を披露してくれました。爽やかな笑顔が印象的な彼は、アイドル歌手にでもなれそうです。彼の歌は大人気で、村の集まりではいつも歌ってほしいとせがまれます。
「歌をつくるのは牛飼いのときです。ラジオとかそういうものはないので、自分で作詞作曲をしています。好きな授業ですか？とくに好きなのは算数ですね。あと、将来は医者になってコーケー村で働きたいと思っています。今、村には医師がいないから……」

　ちょっとシャイだけれど、質問にしっかり答えてくれるリンは村の人たちを助ける仕事がしたいと思っています。地雷だらけの貧しい村でも、彼にとっては愛する故郷なのです。

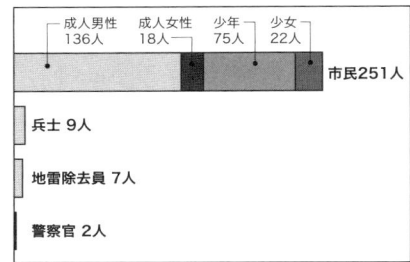

カンボジアにおける
2008年の地雷被害者の内訳
(出典:地雷情報データベース・ランドマインモニター2009)

◆小学校がつくり出す希望

　'90年代はじめ、「和平合意」が結ばれると、カンボジアには外国からの支援がどっと流れ込んできましたが、コーケー村のような僻地には届きませんでした。地雷のために人も物資も容易に入り込めなかったのです。しかし、地雷が除去され小学校が建設されると、村に変化が生まれてきました。

　小学校の敷地には幼稚園ができ、幼い子どもたちがお絵かきや歌を楽しんでいます。幼稚園ができたことで、親たちは小さな子どもを預けて農作業ができます。作業中に子どもが誤って地雷原に入ってしまわないか心配する必要はもうありません。ちなみに「小学生」であるリンも、ここで子どもたちの世話をすることがあります。安全な土地ができたことで、村の人びとがそこでさまざまな活動ができるようになり、村人の結束力も高まりました。さらに'09年には、学校の土地を広げるための地雷除去が始められました。大きな学校農園や村人が病気になったときに通える保健所もできる予定です。

　何度も村を訪れている私に、子どもたちはこう言ってくれました。「ぼくらにとって、ピースボートはお母さんのような存在なんだよ」

　私たちにとって、何よりもうれしい言葉でした。私たちがしていることは、ただ地雷を除去することや小学校の建設をすることではなく、そこに住む人びとが再出発できる状態をつくり出すことなのです。内戦の終結から15年以上がたった今、コーケー村ではやっと戦後復興がスタートしました。私たちは彼らが自立し、平和に暮らし、夢を持ち続けられるように、母のように見守り、手を貸せる存在でありたいと思います。そしてこの村だけではなく今も地雷のために苦しめられている人びとに、復興のきっかけをつくっていこうと思います。(森田幸子)

More Information

◎カンボジア地雷対策センター
  CMAC (Cambodian Mine Action Centre)

　　1993年に設立されたカンボジア国家機関。地雷原の特定、地雷啓蒙活動、地雷と不発弾の除去を行なっています。現在2000人以上の職員が働く、カンボジア最大の地雷除去団体です。

　●ホームページ http://www.cmac.gov.kh/

◎ピースボート地雷廃絶キャンペーン P-MAC
  (Peace Boat Mine Abolition Campaign)

　　1998年、ピースボートが地雷除去や被害者を支援するために立ち上げたキャンペーン。カンボジアでは地雷除去に必要なコストが1㎡あたり約100円。缶ジュースも買えない100円玉1枚で地雷除去に参加できます。そこで募金活動「地雷をなくそう100円キャンペーン」を全国で展開しています。2009年末までに総額4500万円以上が集まり、100万㎡以上（東京ドーム22個分）の土地から地雷が除去されました。安全になった土地は小学校や保健所として地元の人びとに使われています。また日本国内でも地雷問題を知ってもらうために、地雷問題についての出前教室を全国で行なっています。

　● P-MAC 紹介ページ
http://www.peaceboat.org/project/jirai/index.html

◎あなたができること

1) 募金に協力する

　・「地雷をなくそう100円キャンペーン」

2) 地雷のことを知る

　・地雷についての出前授業や写真パネルの貸出を行なっています。

3) 地雷被害者がつくった商品を購入する

　・地雷被害などで障がいを持つ人びとがつくった商品を販売しています。

4) カンボジアに行く

　・ピースボートではカンボジアの地雷問題を検証するツアーを行なっています。現地で地雷被害者と交流したり、地雷原の村を訪れます。

　●お問い合わせ先
ピースボート地雷廃絶キャンペーン P-MAC
TEL 03-3363-7561　Eメール pmac@peaceboat.gr.jp

03　ベトナム
終わらない戦争
──枯葉剤と子どもたち

◆戦争のつめ跡

　ベトナム中部の港町・ダナンは、体に子どもをくくり付けてオートバイで疾走する肝っ玉母さんや、魚で山盛りのかごをかついで通りを行き交うおじさんたちの活気で、にぎわっていました。この街にはベトナム戦争の時代に（1965〜75年）、アメリカ軍最大の基地が置かれていましたが、そんな戦争のつめ跡など見あたりません。今では日本からも多くの観光客が訪れるベトナムは、おいしい料理や、かわいらしい雑貨などを手軽に楽しめる、アジアの人気スポットにもなっています。しかし、街中にひっそりと建つその施設には、確かにそこだけ戦争のつめ跡が刻まれていました。「枯葉剤被害者リハビリテーションセンター」。ベトナム戦争中にアメリカ軍が大量に撒いた枯葉剤の影響で、世代を越えて障害を持った子どもたちが今も産まれています。2006年につくられたこの施設は、そうした子どもたちのリハビリや憩いの場になっています。

◆ 480万人の被害者

　アメリカ軍は、森林を舞台にゲリラ戦法を行なう南ベトナム解放民族戦線（アメリカの傀儡政権となっていた南ベトナムの解放とベトナム統一を求めて結成されたゲリラ組織。アメリカ側は蔑称として「ベトコン」と呼んだ）に手を焼き、'60年代のはじめから10年以上にもわたって枯葉剤作戦を行ないます。それは草木を根こそぎ枯らしてしまう成分の化学物質を、連日空から撒くというものでした。そしてその影響は、戦争が終わって35年以上がたった現在も続いています。

　枯葉剤の多くには、後にアメリカ環境保護庁が「史上最悪の危険物」と呼ぶことになる猛毒の物質、ダイオキシンが含まれていました。ダイオキシンは、

chapter 1 　紛争に生きる子どもたち

> 枯葉剤の被害者は今も出ています。
> すべては戦争のせいなんです。
> 枯葉剤被害者　ホアン・キン・ウェイン（19歳）

遺伝子の特定の部分と結合して、がんや奇形の発生、免疫や発育の異常などさまざまな症状を引き起こします。とくに枯葉剤を浴びた母親から生まれてきた子どもへの影響は大きいものでした。その多くは、生まれてすぐに死んでしまったり、病状の悪化で幼くして亡くなりました。また、運よく生き延びたとしても、その子たちは重い障害を一生引きずっていかなくてはなりません。

　WHO（世界保健機関）によれば、枯葉剤の影響で苦しむベトナム人は480万人もいて、そのうち100万人が高度な汚染を被り、そのうち70万人が障害も持つ子どもたちです。さらにその中で15万人の子どもたちが知的発達の遅れや視聴覚その他の障害を持っています。

　枯葉剤被害は、枯葉作戦に従事したアメリカ兵からも出ています。そのため、アメリカ政府と枯葉剤を製造した会社は、枯葉剤の被害を訴えた退役アメリカ兵に対しては、'84年に補償金を支払っています。

　一方、「ベトナム枯葉剤被害者の会」は、'04年と'07年の2回にわたってアメリカの枯葉剤製造企業を相手に訴訟を起こしましたが、いずれも棄却されています。その理由は、枯葉剤の使用が国際法違反とされているわけではないことや、ダイオキシンによる健康被害が証明されていないことがその理由でした。

　リハビリテーションセンターの中から聞こえる子どもたちのはしゃぎ声は、他の幼稚園や小学校と変わりません。けれどそこで遊んでいる子たちは、みなどこかに重い障害を負っています。四肢に障害があって床をはっている子、皮膚のただれている子や、頭だけやけに大きい子……。その中で、子どもたちの世話をしたり遊んであげるいいお姉さんになっている子がいました。身長が低いので見た目は小学生くらいですが、年は19歳（'08年当時）で大学生だとのこと。その彼女、ホアン・キン・ウェインは、他の多くの子どもた

ベトナム周辺の地図。色が濃くなっている箇所は
ベトナム戦争で主に枯葉剤が撒かれた地域
（協力：ミードアン・タカサキ）

ちとちがって脳には障害を負わなかったものの、全身の皮膚がただれ、今も痛みが走るそうです。髪も満足に生えません。センターの子どもたちを支援するために訪れたピースボートの私たちは、先天性の枯葉剤被害者として生まれた彼女が、この施設に通うようになるまでの道のりを聞きました。

◆何も知らなかった

　ウェインの両親は、どちらも1957年に生まれました。2人はベトナム戦争の真っ最中に育ち、10代の頃からゲリラとしてジャングルを移動しながら活動します。ベトナム解放戦線は、森の中に無数のトンネルを掘って地下を移動しながら、近代兵器を使うアメリカ軍と戦っていました。ウェインの両親も、そうしたジャングルやトンネルを行き交って、連絡役として各地を転戦しました。そして森の中で、アメリカ軍が撒いた枯葉剤と思われる液体をたびたび浴びています。両親が18歳のときに戦争は終わりましたが、その後、お母さんは疲れやすく、病気がちになってしまいました。それが枯葉剤の影響だったと知るのは、ずっと後のことです。お父さんとお母さんは結婚して、お母さんたちが30代のときにウェインが生まれました。

　1989年に生まれたときには、彼女には何の障害もありませんでした。しかし、生後6カ月たって全身の皮膚に水疱（すいほう）ができ、ぼろぼろと皮がむけました。髪も抜け落ち、内臓の調子も悪化。命の危険もあったので、1歳になるまで入院生活を続けました。おかげで命はとりとめたものの、その影響で3歳になるまで歩くことも話すこともできませんでした。歩くことが難しかったのは、足の水疱がひどく痛んだからです。それでも必死のリハビリでなんとか少しずつ歩けるようにはなりました。保育園に入ったのは5歳になってからでした。普通の子は3歳から行きますが、彼女は3歳でやっと言葉を話しはじめたため、入園が遅れたのです。

chapter 1 >>> 紛争に生きる子どもたち

小さい子の遊び相手をするウェイン
（写真提供：Lee Jung Yong）

　入園を待たされただけに、保育園に初めて行く日はただうれしくて、周りからどう見られているかは気にしませんでした。ところが2日目になると、同級生たちが彼女のことを変なモノを見るような目で見たり、避けたりしていることに気づいてショックを受けます。自分は他の人とはちがうのだと感じて、保育園はもちろん、その後の小・中学校での生活はいつもひとりぼっちでした。彼女はいつも、教室の隅っこで、ひとりで勉強したり遊んでいたと言います。

　自分の症状が枯葉剤のせいだと知らされたのは、10歳のときです。治療のため首都のハノイに行った際、たまたまアメリカから来ていた医師に診察されて、枯葉剤に含まれるダイオキシンが原因だと告げられたのです。しかし何も知らないウェインは、それをどう受け止めていいのかわかりませんでした。

　ウェインが11歳のとき、アメリカ軍の退役軍人のグループがダナンに来て、枯葉剤被害者たちにプレゼントを渡すセレモニーがありました。そこに呼ばれたウェインは、戦争のこととか、枯れ葉剤のことが何だかよくわかりませんでしたが、彼女に知的な障害がなかったこともあって、代表として「ありがとう」という挨拶を言わされました。それ以来、自分の障害のことや社会のことがわからなくなって、親とも友だちとも話さなくなり、殻にこもって悩むようになったのです。

　ダナン市に被害者を支援するためのリハビリテーションセンターがつくられたのは、彼女が高校2年のときでした。そして、センターからパソコンが贈られると聞いたときに、今までたまっていたフラストレーションが爆発しました。なぜアメリカの兵隊やリハビリセンターが同情してプレゼントをくれるのか、何が原因でこんなに苦しんでいるのか……。混乱して、暴れて、部屋の物を壊したり、その勢いで腕にもケガもしてしまいます。

　それでもパソコンは家に届けられました。彼女はそれを使い、ゲームやイ

大学生になったウェイン

ンターネットをするようになります。そして、インターネットで枯葉剤のことを調べるようになりました。彼女はそこで初めて、自分をとりまく環境を理解することができました。これまで自分が苦しんできた理由は、すべて戦争のせいなのだと気づいたのです。

◆ウェインの夢

　翌年センターの所長に招かれて初めてここを訪れた彼女は、大きな衝撃を受けたと言います。多くの被害者は寝たきりだったり、脳の障がいために自分の両親が誰なのかも理解できません。また、混乱のあまりナイフで家族を攻撃してしまう子さえいました。
「他の子どもたちは自分よりよほど深刻で、家族もたいへんな思いをしていました。自分はまだ幸運で、周囲から愛されているとか、嫌われているとかよくわかる。でもこの子たちはわからない。そんなちがいに気づくようになりました」
　リハビリセンターの活動に参加するようになったのもその頃からです。今では、自らすすんで被害者の代表として挨拶をしています。センターの役割はさまざまです。言葉がしゃべれない症状の重い子たちは、なかなか友だちをつくることができませんが、ここは社交の場にもなっているので、他の子たちとふれ合うことができます。そうすることで、ひとりでは暴れてしまうような子が、見ちがえるようにコミュニケーションをとれるようになります。また、これまで子どもたちはほとんど家にいました。親は仕事に行くとき子どもがどこかへ行かないよう、ベッドにしばりつけて出かけます。しかし家に帰ってくると、子どもが暴れていて、血だらけになっていることもありました。センターでは、そうした家庭のためのデイケアサービスもしています。さらに、被害者が収入を得るためのアクセサリーづくりも、活動のひとつに

chapter 1 >>> 紛争に生きる子どもたち

枯葉剤被害者支援センターでの
交流会にて

なっています。

　人一倍の努力で大学に入学したウェインは、19歳になった現在、法律とパソコンの勉強に力を注いでいます。彼女の大学生活は多忙です。朝6時に起きて、朝から夕方まではコンピュータの授業。夕食後は法律の授業を夜9時まで受け、家で宿題を済ませて、寝る前にメールのチェックをします。コンサートや映画も好きですが、今は行く時間がありません。彼女に夢を尋ねると、そんなことを聞かれたのは初めてだと言って、はにかみました。
「結婚して、子どもをたくさん生みたいですね。でもその前に英語も学びたいし、アメリカの法律も学んで、枯葉剤被害者の権利を勝ち取る努力をしたいんです。ベトナムの被害者団体がアメリカの裁判所に訴訟を起こしたんですけど、まったく取り合ってもらえないので」
　枯葉剤のことを理解し、人と交わることが楽しくなった彼女の大学生活は、これまでになく充実しています。
「小さい頃は外見がこうだから、頭の中も普通じゃないと思われてると考えて、友だちなんてずっとできないと思ってきました。でも今は愛してくれる友だちも、助けてくれる人もたくさんいます。それが幸せなんです。大学の先輩は妹みたいにかわいがってくれるんですよ」
　それでも、体調は安定しているわけではなく、暑いときや寒いときは呼吸をするのもつらくなります。また、精神的に孤独感にさいなまれることもあります。
「将来のことを考えて、突然息が苦しくなったりすることもあります。自殺を考えたこともあるんです。そういうときにリフレッシュする方法は、ダンスクラブの友だちと、教室のカーテンを締め切って先生に内緒で踊りまくることですね。そうすると喜びでいっぱいになるんですよ」
　つらい思い出を涙ながらに語る一方で、夢や友だちのことを語るときは満

船上では被爆者の方とも仲良くなった。
(右は在ブラジル被爆者の森田隆さん)
(写真提供:Lee Jung Yong)

面の笑みで喜びを表現するウェイン。苦しみを抱えながら、あくまでも前向きな彼女は、これから枯葉剤被害者全体のために闘っていこうとしています。

◆ピースボートに乗ったウェイン

'08年9月、ウェインはリハビリセンターのスタッフとともにベトナムからシンガポールまでピースボートに乗船しました。外国に出るのはもちろん初めての経験になります。5日間の船旅で彼女は多くの人びとと出会い、話し合って、存分に楽しみました。船を降りた彼女から、こんなメッセージが届きました。

「旅行をするのが夢でした。だから今回、船でシンガポールに行けたことはとってもよい体験になりました。乗船が決まったときは喜んだのだけど、直前になって不安になったんです。言葉も通じないし、みんなが自分をどう思うのかを心配になったから。でも乗ってみたらみんな親切で、家族みたいにしてくれたから、すごくうれしかった。この旅に参加できてすごく勇気が出ました。いつも夢を持ってがんばろうと思っていて、その夢がひとつかなったからです。夢に向かってがんばったことは無駄にはならないんだとわかりました」

(高橋真樹/協力:岩崎由美子+ローズ・ウェルシュ)

chapter 1 >>> 紛争に生きる子どもたち

More Information

◎あなたができること

1) 募金をする

ピースボートで集めた募金は、「ベトナム枯葉剤被害者協会」を通じて被害者支援をはじめ、「ピースボート UPA プロジェクト」の支援活動にあてられます。

★募金先、募金方法は下記をご参照ください。

2) 現地を訪れる

ピースボートでは「地球一周の船旅」で、ベトナムの枯葉剤被害者と交流するツアーを行なっています。詳しくは、お問い合わせください。

●ピースボート連絡先 E メール info@peaceboat.gr.jp

＊お問い合わせの際に、『20 のヒント』を読みましたとお伝えください。

ピースボート UPA プロジェクト

UPA とは、「United Peoples Alliance」の略。直訳するならば「人びとの連合」となります。国と国の利害に左右されない、人と人とのつながりをつくっていこう、というのがその意味です。

ピースボートで世界をまわると、世界のさまざまな現状を目の当たりにします。難民、ストリートチルドレン、スラム、戦争、飢餓……。現地の人びとと交流し、関係を持つ中で生まれた「少しでも現状を変えたい」という思いから UPA は設立されました。

ピースボートが訪れる土地の人びとの話を聞き、そのニーズに合わせて支援物資を集め、届けることを続けています。集めた物資を自分たちの手で、直接現地の人びとの手に届ける - 物資や基金を集めて終わり、ではない「お互いに顔の見える支援」を行なっています。

▼ピースボート UPA プロジェクト公式ホームページ
　http://www.peaceboat.org/project/aid/index.html
▼募金先
　郵便振替口座：00180-6-705651　加入者名：ピースボート UPA

＊通信欄に「20 のヒント」とお書きください。

04　スーダン
自立を目指して
——紛争後のジュバに生きる子どもたち

◆南部スーダンの首都ジュバのストリートチルドレン

　アフリカ北東部にあるスーダンでは、20 年以上もの間（1983 〜 2005 年）、北部のアラブ系住民と南部の非アラブ系住民の地域で内戦が続き、約 190 万人が犠牲になったといわれています。また、2003 年には、西部のダルフール地域で、紛争が激化し、民間人を標的とした殺戮や放火、婦女子への暴力が行なわれ、国際的な非難の的になりました。

　南北の内戦が '05 年に終わってから、南部スーダンの首都ジュバには、紛争を避けて外国（ケニアやウガンダ、エチオピアなどの別の国）に逃げていた人たちや、スーダン国内で別の土地に疎開していた人たちがもどってくるようになりました。

　'10 年、ジュバには新しい建物や道路が建設され、ホテルや商店が次つぎとオープンし、仕事を求めて農村からたくさんの人びとが集まり、街は急速に発展しています。また、紛争が終わったことで、援助関係者を含めた多くの外国人が入ってきたことから、物価が上昇し、新しいビジネスチャンスを求めて、周辺の国から、ビジネスマンや労働者もやってきています。

　しかし、人口が増えて町が拡大していくにつれて、人びとの間の格差が大きくなっています。コンクリートやレンガ製の家に住む裕福な人たちがいる一方で、木の棒だけで組み立てた上に天井や壁を草やビニールシートで覆っただけの掘立て小屋で暮らす人びとがいます。それでも住む所があるのはまだよい方で、なかには、身の安全を守る家も面倒をみてくれる家族もなく、路上生活をするストリートチルドレンもいます。

　戦争で親を亡くした幼い子ども。貧困で食べるものがなく生活費を稼ぐために家出をした男の子。親がアルコール中毒で面倒をみてもらえない女の子など、彼らや彼女たちが路上生活を始めた原因はさまざまです。

自分の子どもには、しっかり教育を受けさせて、
私のように後悔しないようにさせてあげたいの。
　　　　　　　　　メアリー（17歳の母親）

　こうした子どもたちは、常に暴力や暴行などの犯罪にまきこまれる危険にさらされているので、自分たちの身の安全を守るために集団で生活しています。それでも、男の子は、パトロール中の警察官や、強盗、不良青年から暴行を受けたり、女の子が性暴力や売春に巻き込まれてしまうケースが頻発しています。

　身ひとつ以外には何も持っていない女の子たちは、しだいに自分の体でお金を稼げることを覚えていきます。その日食べるものにも困り、生きていくために、1回100円程度のお金を求め、売春を始める女の子たちもいます。また、幼い男の子が、シンナーやアルコール中毒に陥るケースが増えています。

◆ 14歳の少女、ファトゥナ

　ファトゥナは、ジュバの貧しいスラムで生まれました。幼い頃にお父さんが死に、お母さんと弟と3人で暮らしていましたが、12歳のときに、お母さんも死んでしまいました。お母さんが生きていた頃には、貧しいながらも小学校3年生まで通学していましたが、お母さんを亡くしてからは、ファトゥナと弟は、ある女性の元に引き取られました。この女性はお父さんのもうひとりの妻でしたが、年老いて貧しく、ファトゥナの手助けがなければその日食べるご飯もない生活を送っていました。ファトゥナは、学校に行くことをあきらめ、サモサ（豆を春巻きのような皮で包んで揚げた食べ物）づくりやその販売を手伝う日々を続けていました。

　今、14歳のファトゥナが暮らすのは、狭い土地にたくさんの家族が粗末な小屋を建ててひしめき合っている地域です。その小屋には、夜になると、路上で暮らしている他の子どもたちが安全なねぐらを求めてやって来ます。ときには2〜3m四方の小屋の中に、10人以上の子どもたちが雑魚寝することもあります。とても窮屈ですが、路上で夜を過ごすよりよほど安全なのです。

ファトゥナ（左）の家の前で記念撮影

　ある日、ファトゥナは、ジュバの街で地元の NGO である Confident Children out of Conflict（CCC）のスタッフに出会いました。この組織は、ファトゥナのような子どもたちの権利を守る活動と教育支援を行なっている NGO で、私が所属する NPO 法人、JCCP（日本紛争予防センター）とともにジュバのストリートチルドレンや若者たちへの支援を行なっています。ファトゥナはこの出会いをきっかけに JCCP や CCC の支援を受けながら、再び小学校に通えるようになりました。

　しかし、彼女が大好きな学校に通えるのは、今でも1週間のうち半分程度です。夕方になると、サモサづくりを手伝い、朝になると市場に売りに行きます。そのほかにも料理、洗濯、掃除などの家事もしなければなりません。そんな生活のなか、ファトゥナは1年生を一番の成績で修了しました。2年生になってからも一生懸命勉強しています。学校教育を終えれば、キャリアウーマンのようにオフィスで働くような仕事に就けるかもしれません。彼女にとって、学ぶことは生きる力を得る手段なのです。路上の物売りから抜け出すことができれば、もっと安定した生活を手に入れることができるのです。

　ファトゥナは、まだ現地の言葉がわからない私に会うと、"How are you？"（元気？）とあいさつし、食事が配られたときには、"Come and eat！"（食べにおいで！）と、積極的に英語で話しかけてきてくれます。私たちと出会った頃は希望のない生活で自分に自信がなく、ふさぎ込むことの多かった彼女ですが、今では、堂々と自分の意見も言えるようになりました。明るく前向きに生きようとしている彼女のその姿には強く心を打たれます。

　ファトゥナが望むものは、日本に住む私たちにとっては、あたり前のことばかりです。学校にちゃんと通えること。雨が降ってもびしょぬれにならないようなしっかりとした家に住めること。蚊に刺されないように蚊帳の中で寝られること（スーダンを含むアフリカの多くの国ぐにでは、蚊が媒介する「マ

調理実習に取り組む生徒たち

ラリア」という熱帯性の伝染病が流行しています)。家族や自分が病気になったときに病院に行けること。きれいで安全な飲み水を飲めるようになることです。

そんなファトゥナに、「将来の夢は何?」と聞くと、「勉強を続けて、教育大臣になること! 教育大臣になって、自分のように貧しくても、すべての子どもたちが教育を受けられるような国にスーダンを変えたいの」と言います。

◆ 17 歳の母親、メアリー

メアリーは 17 歳で、6 カ月の赤ん坊を育てるシングルマザーです。ビニールシートを継ぎ合わせた小さな小屋に、母親、目が不自由な父親、妹の家族 5 人で暮らしています。家族は、メアリーが市場でパンを売って稼ぐわずかな収入で暮らしています。

現在メアリーは、レストランのウエイトレスやコックとして働けるよう、手洗いなどの衛生、サービス、テーブル作法、簡単な調理などを JCCP が開いた職業訓練教室で学んでいます。メアリーをはじめこの職業訓練に参加する生徒たちは、これまで学校に通った経験がなかったり、学費が払えずに中途退学しているため、集中して授業を受けることに慣れていません。訓練を始めた直後は遅刻をしたり、無断で休んでしまったりすることもありました。

でも、仕事に就いたら、遅刻や無断欠勤は認められません。そのため、訓練では時間や決まりを守ることについても学んでいます。また、訓練中は白いシャツに黒いスカート、黒い靴の制服を着ますが、学校に行ったことがない多くの子どもたちは、制服を着るのは初めてです。おそろいの制服を着た訓練生はみなうれしそうに、制服を自分で責任を持って洗濯してアイロンをかけています。

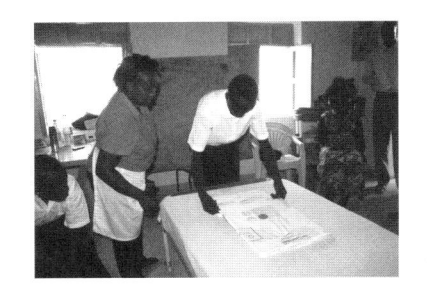

ハウスキーピングの授業：ベッド・メーキングを学ぶ生徒（中央）と指導する先生（中央左）

　訓練を受けはじめてしばらくたったある日、「職業訓練が終わったら何をしたい？」とメアリーに尋ねてみました。すると、17歳でまだあどけなさの残る彼女から、「きちんとレストランに就職して、自分の子どもが学校に行けるようにお金を貯めたい。私は学校に行くことはできなかったけど……。自分の子どもには、しっかり教育を受けさせて、私のように後悔しないようにさせてあげたいの」という答えが返ってきました。

　JCCPは、ファトゥナやメアリーのように困難な状況にある子どもや若者たちが学校に通ったり、仕事に就いたりできるように、生活支援や職業訓練を行なっています。また、彼らや彼女たちが犯罪を犯したり、犯罪にまきこまれたりしないようにわかりやすい勉強会を開いたり、心の傷やストレスをアートを使って解消できるような活動を行なっています。

　彼女たちが夢を語ることができるようになったのも、こうした支援活動があったからです。私たちのようなNGOのほんの小さな支援が、困難な状況にある子どもや若者たちの人生を大きく変え、夢と希望を与えるきっかけになっています。

　日本からの寄付や支援を私たちが現地に届ける。それによってつくられた小さなきっかけが、ファトゥナやメアリーのように、夢や希望を持って生きられる子どもや若者たちを増やすことにつながっています。さらに、メアリーの赤ん坊のように、そのつぎの世代の子どもたちの人生を変えるきっかけにもなっているのです。

　この本を読んでいるあなたのような日本の誰かと、紛争地で生きる地球の裏側の誰かの人生をつないでいく機会を、今後も少しでも多くつくっていきたいと願っています。（中西美絵）

More Information

◎ NPO法人 日本紛争予防センター（JCCP）

　JCCPは、南部スーダン以外にも、ケニア、ソマリア、バルカン地域、そしてアジアの国ぐにで活動しています。そこでの私たちの役目は、戦争や紛争のために人間らしい生活ができずに苦しんでいる人たちを支援し、人びとが安全に生活できる環境をつくることです。

　JCCPではこうした活動を「生きるための選択肢を、紛争地の人びとへ」という言葉で言いあらわしています。人びとが安心して暮らしながら、自分の意志で生き方を選び、将来の夢や希望に向かって歩んでいけるように手助けをしているのです。そして、紛争地で二度と同じような争いが起きないように、人びとが交流しながらお互いのことを理解しあうためのきっかけづくりを行なっています。

　私たちJCCPは、いつか世界から戦争や紛争がなくなって、私たちの出番がなくなることを願っているのです。

●連絡先
〒112-0014 東京都文京区関口1-35-20　藤田ビル3階
TEL 03-5155-2142　FAX 03-5155-2143
Eメール contact@jccp.gr.jp
ホームページ http://www.jccp.gr.jp/

◎あなたができること

書きまちがえたハガキを集めて寄付をする

　あなたが書きまちがえたハガキやまだ使っていないハガキ（年賀ハガキ含む）を送ってください。私たちは、そのハガキをお金に変えて、紛争地の人びとのために役立てることができます。

　たとえばハガキ30枚で、スーダンで紛争によって親を亡くした子ども1人を、犯罪や暴力にまきこまれないように守ることができます。あなたの小さな協力が、紛争地の人びとへの支援につながるのです。

●ホームページ http://www.jccp.gr.jp/support/hagaki.html

05　パレスチナ
ガザ、空爆の下で暮らす家族

◆**天井のない牢獄**

　曇り空の、とても寒い朝でした。2008年12月27日、パレスチナ自治区のガザに暮らすザヘル・スバイ（35歳）は、彼が働く人道支援活動を行なうNGOの事務所で、あわただしく電話をかけていました。ザヘルは3人の子どもの父親です。5歳になる長女のサマアはしっかりもので、3歳の長男マハムードはわんぱく盛り、そして次女のジュリーが3週間前に生まれたばかりでした。子どもの成長は早いものです。ついこの間までジュリーと同じような赤ん坊だと思っていたサマアは、もうすっかりいいお姉さんとして、下の子の世話をしています。幼稚園でも習ったばかりのアラビア語で、新しい言葉や歌をどんどん覚えてきます。一見すると幸せいっぱいなザヘル一家ですが、彼らガザに暮らす人びとは、たいへんな状況にさらされていました。

　東京23区の約半分の広さをもつガザ地区は1967年以来、実質的にイスラエル軍の占領下に置かれてきました。その後、'06年1月に行なわれたパレスチナの評議会選挙では、イスラエルが「テロリスト」と呼ぶ武装グループのハマスが勝利します。それ以降ハマスが政治的な実権を握るガザ地区へのイスラエルの締め付けが、それまで以上に強くなりました。そして'07年7月から、翌年12月現在まで続く16カ月間もの軍事封鎖で、物資や人の出入りが極端に制限されるようになってしまったのです。イスラエル側は封鎖の理由を、「テロリストに物資が渡るのを防ぐため」と言っています。しかし実際には、ガザに住む150万人の人びとを窮地に追い込んでいました。

　ガザの人びとは食料や燃料をはじめ、生活に必要な物資の大半を手に入れられなくなっていました。ザヘルも、ジュリーのミルクやオムツを手に入れるのさえとても苦労していたのです。そのうえ、イスラエル軍がガザに攻撃を仕掛けるという話が広がっているこの3日間は、ほとんどの店が閉まり、

> 爆撃のない暮らしがしたい。
> サマア（5歳）

　買い物もできません。寒い冬だというのに、暖房のための燃料もないのです。幼い3人の子どもたちをどうやって育ててゆけばよいのか、ザヘル夫婦は頭を悩ませていました。

　産業のないガザでは、人びとの多くはイスラエル側に働きに出ていますが、今回のように検問所を閉められてしまうと、たちまち失業してしまいます。この12月の時点で、失業率は65％、1日2ドル以下で暮らす貧困ライン以下の人びとは80％にも昇っていました。この数字は、前年と比べても大幅に増えています。栄養失調の子どもも増えていました。「天井のない牢獄」。ガザで暮らす人びとは、自分たちの住む場所を、そう呼ぶようになりました。

　そしてイスラエルは、そんなにひどい状況で暮らしている人びとに対して、さらに爆弾を落とそうとしていたのです。名目は「テロリストを黙らせること」ですが、人口密度が高く、建物の密集したガザ地区に爆弾を落とせば、一般の人びとに犠牲が出ることは明らかでした。

　正午近く、ザヘルの耳に戦闘機の爆音が突き抜けました。遅れて響いてきた爆弾の落ちる轟音は、イスラエル軍の空爆の開始を告げています。ついに来たか……。ザヘルはすぐに事務所を後にして、家族の元へと急ぎました。

◆空爆の下で

　イスラエル軍による空爆は年明けも続き、パレスチナ人の生活はさらに悪化しました。空爆が始まって2週間経った時点で、公共施設や電気、ガス、水道、道路などのインフラがほぼ破壊されました。ザヘルたちが暮らすジャバリア難民キャンプでは、10万人の人口のうち約5万人が学校などに避難をしていました。あまりに危険なので人びとは行き来もできません。このキャンプは、ハマスの拠点としても知られていたので、ガザの中でも狙われやすい場所でした。

* 1 **中東戦争**：イスラエルと周辺アラブ諸国の間で争われた戦争。1948年のイスラエルの建国直後から、1973年まで4次にわたって行なわれた。これらの戦争の結果、イスラエルはより多くの領土を手に入れ、ガザ地区などの占領地を実効支配するようになった。また、パレスチナに暮らしていた150万人以上の人びとが難民として追い出された。

* 2 **インティファーダ**：長く続くイスラエルの占領に対して、パレスチナの一般の民衆が行なった抵抗運動。第1次は1987年から'93年まで。第2次は2000年から現在（2010年）まで続いている。アラビア語で「振り落とす」という意味。

　空爆が始まると、ザヘルは幼稚園に長女のサマアを救出に向かいました。ハマスと関係なくても、とにかく目立つ施設はターゲットになるので、幼稚園も危険でした。その後、この幼稚園は破壊されてしまいました。ザヘルはサマアを連れ出して、家族5人で両親の暮らす実家に避難しました。家の近くにも爆弾が落ちていて危険だったのです。ところが、移った先の実家にも攻撃が迫ってきたので、今度はザヘルのおばあさんの家にあわてて引っ越しました。

　空爆が止んだときに家族で自分たちの家を見に行きましたが、周囲の建物は全壊していました。ザヘルの家は全壊こそしていませんでしたが、砲撃の傷跡のためとても住める状態ではありません。サマアは、めちゃくちゃに破壊された自分の寝室をみて、涙が止まらなくなりました。

　一家は空爆におびえながら、真冬の寒さとも闘わなければなりませんでした。寒さをしのぐための暖房器具も燃料もないので、夜は家族みんなでビニールを体に巻きつけて寝ました。

　そんななか、生まれたばかりのジュリーはインフルエンザにかかって高熱を出してしまいます。しかし、病院はどこも攻撃による負傷者でいっぱいで、通常の病気になった子どもたちに対応する余裕がありません。治療を受けられなかったので、仕方なく民間療法で対処しました。ザヘルは子どもたちを守るために必死でした。

　ザヘルのおばあさんは、度重なる中東戦争[*1]や、2度にわたる大規模なインティファーダ[*2]など、今までたくさんの紛争にまきこまれてきた経験があります。しかし、そのおばあさんでさえ、こんなにもひどい攻撃は初めてだと言います。

ザヘル（左）と
ジュリー

サマア（左）と
マハムード

◆終わらない占領

　イスラエル軍は地上軍を投入して、ほとんどの施設や産業を破壊した後、'09年の1月21日に撤退しました。しかし、「撤退」と言っても直接的な攻撃が止むだけで、その後も続く軍事封鎖のため、支援物資は届かず、ガソリンがなくて車も動かないため、復興も進みませんでした。そして、いつでもそばにいるイスラエル軍が攻撃を再開する可能性もありました。

　以下の数字は、その後国連などが発表した被害の一部です。死者は1300人以上（うち412人が子ども）、負傷者が5300人（うち1855人が子ども）。そのほとんどが一般市民でした。家屋は2万棟以上が破壊されています。もちろん数字では表せない被害もたくさん出ました。

　重大な問題として、イスラエル軍による一般市民への無差別攻撃が挙げられます。また、白リン弾をはじめとする多くの非人道兵器の市街地での使用、ジャーナリストや、けが人を搬送中の救急車への攻撃。そして国連が運営し、避難所となっていた女学校への空爆。これらのほとんどは、国際法上の戦争犯罪に当たるとされています。

　家をなくしたザヘルの家族も、きびしい状況にありました。とくに心配なのは、子どもたちの精神状態です。明るくてしっかりものだったサマアはショックのあまり、ひとりでは寝ることができなくなって両親といっしょに寝ています。そして、毎日をこのような状況で暮らし、爆撃や破壊を目にしているので、話すことはいつも破壊や紛争の話ばかり、子どもらしい話をできなくなっています。ザヘルは早く子どもらしい日々を取りもどしてあげたいのですが、ザヘルの避難先の家は海岸から近く、イスラエルの船からその後も時折砲撃があります。そのためどうしても子どもたちの恐怖心がよみがえってしまうのです。

瓦礫（がれき）となったガザの町を歩く少年
（写真提供：パレスチナ子どものキャンペーン）

◆ザヘルの思い

　しかしザヘルは、自分の子どもたちは特別ではないと言います。両親を亡くした子や、体に砲弾の破片が埋まっている子もいました。ザヘルはやりきれない思いでした。彼自身、小学生の頃から占領に反対するデモに参加したといった疑いで何度もイスラエル軍に拘束され、拷問を受けてきました。手錠をされて殴られつづけられた彼の手首には、手錠の跡が今も残っています。ザヘルは日頃から子どもたちには自分のような苦しみを体験させたくないと強く思っていたのです。

　それでも彼は絶望的になっているわけではありません。'09年3月末に毛布などの援助物資を届けた私たちに、ザヘルはメッセージを送ってきました。「私たちはとにかく、普通に生活したいんです。イスラエルがなくなればいいなんて思っていません。みなさんからのこうした支援はとてもありがたいけれど、一番望んでいるのは平和な暮らしです。そのために各国の政府や国連には、軍事封鎖や人権侵害をやめるように働きかけてもらいたいと思っています。ここではほんとうに信じられないことが起きています。そのことを人びとに伝えてください。みなさんの協力が、大きな希望なんです」

　イスラエル軍が撤退してから、外国のメディアはいっせいにガザの報道をしなくなりました。航空機や戦車による砲撃といった「絵になる映像」が撮りにくくなるからです。しかし、軍事封鎖の下、体や心に大きな傷を抱えた人びとの暮らしは続いています。「天井のない牢獄」で暮らすガザの人たちの苦しみは、攻撃前となんら変わっていません。問題は「爆撃」や「死者の数」だけではありません。気づきにくい「占領」や「軍事封鎖」といった「絵になりにくい」事実に注目していくことが、パレスチナ問題を考えるうえで大切なことなのです。（高橋真樹／協力：アーデル・スレイマーン）

More Information

◎ピースボートのパレスチナ難民支援活動

ピースボートでは、世界中に 400 万人以上いるといわれるパレスチナ難民を支援する活動を行なっています。現地とのフェアトレードを進める「サナアプロジェクト」では、パレスチナの女性たちが作ったオリーブ石けんやオリジナル商品を販売して、その売り上げを現地支援に役立てています。

また、2008 年末に攻撃されたガザ地区の緊急支援や、封鎖解除を求める国内外でのさまざまな活動も続けています。私たちは、こうしたプロジェクトを通じて少しでもパレスチナの人びとに希望の光を届けたいと考えています。

◎あなたができること

1) パレスチナ問題をもっと知る、イベントなどに参加する

ピースボートの他にも、日本でパレスチナの支援を行なっている NGO はたくさんあります。ここではその一部のホームページを紹介していますが、さまざまなグループの活動を知り、イベントなどに参加してみましょう。

- パレスチナ子どものキャンペーンホームページ　http://ccp-ngo.jp/
- 日本国際ボランティアセンターホームページ http://www.ngo-jvc.net/
- パレスチナの子供の里親運動
  ホームページ　http://www5e.biglobe.ne.jp/~JCCP/

2) フェアトレード・グッズを買う

パレスチナの女性たちが作ったオリーブ石けんや、日本の NGO が作ったTシャツなどのグッズを買うと、その収益が支援金に使われます。

3) 募金をする

ピースボートでは、ガザ地区をはじめ、生活に困窮しているパレスチナ難民の家庭を援助しています。また、ボランティアスタッフとして街頭募金活動を行なう方も募集しています。

★募金について詳細は 31 ページをご参照ください。

4) パレスチナ難民キャンプへ行く

あなたの目で現実を見ませんか。ピースボートでは地球一周の船旅で、ヨルダンなどにあるパレスチナ難民キャンプを訪れるツアーを行なっています。キャンプの子どもたちと交流したり、活動を見学することもできます。

Column 1　ガザ問題のその後

　ガザでは、攻撃が終わって約2年がたった現在（2010年12月）も、イスラエルによる軍事封鎖や、イスラエルによる断続的空爆が続いています。そのためガザに物資は入らず、人びとの苦しみはまったく解消されていません。

　しかし、注目すべき動きもあります。'09年9月、国連が派遣したガザ調査団が提出した報告書は、「イスラエル軍とパレスチナ武装集団の双方が、深刻な戦争犯罪および、国際人道法違反を犯したことを示す証拠を発見した」というもので、その後、国連人権理事会と国連総会がその内容を支持し、国連総会決議はイスラエル／パレスチナ双方の当事者に国際基準に沿った戦争犯罪の調査を求めました[*1]。国連の勧告に対して、アメリカとイスラエルは「（イスラエルのガザ攻撃を正当なものと認めない）この報告書と決議案は和平を妨げる」と言って反対し、日本は棄権にまわりました[*2]。

　イスラエル政府は、この国連報告は「世界のテロ組織を元気づけ、平和を脅かす」と声明を発表し、ネタニヤフ首相は、「何年かけてもこの国連調査団の報告を葬る」と主張しました。

　しかし、これだけの被害を出したガザ攻撃で、もし「人道的問題は何もなかった」という報告書が出ていたら、それこそ問題です。誰も、何の責任も問われないということになれば、このような殺りくがまた繰り返されても黙認するというメッセージを出してしまうからです。パレスチナをめぐる問題では、これまでもたびたびこうした虐殺事件の責任が見過ごされてきました。日本を含めた国際社会は、戦争犯罪の追及と再発防止のために、積極的な行動をとることが求められています。（高橋真樹）

（参照：アムネスティ国際ニュース／ヒューマンライツナウホームページ）

---

*1　この国連総会決議を受けて、イスラエルは軍を中心に調査を行ない、国連に報告書を提出しましたが、非人道兵器と指摘された白リン弾の使用や、パレスチナ民間人への直接攻撃などについての調査は行なわれませんでした。この調査の結果、有罪とされたのは、たった1人の兵士で、しかもその内容は、クレジットカードの窃盗という容疑でした。
　一方、パレスチナ側でガザを実効支配しているハマスは、ロケット弾による攻撃は軍事施設を狙ったもので、戦争犯罪は行なっていないと報告しました。（ガザ攻撃の期間中、ハマスの攻撃で亡くなったイスラエル民間人の死者は3名）。2010年2月、国連は双方の報告が不十分として再度の報告を勧告しています。

*2　2010年の2月に行なわれた決議では、日本政府は賛成投票に変更しています。この間、パレスチナ問題に取り組む日本のNGOネットワークはたびたび外務省に働きかけて、この決議に賛成するよう要求してきました。
　こうした市民の動きがどの程度政策変更に影響したのかはわかりませんが、ねばり強く働きかけることの重要性を感じました。

第2章
貧困と
たたかう
子どもたち

06 ケニア
学校に行きたい
───ムトゥワパ村の子どもたち

◆**路上にあふれる子どもたち**

マヤニは学校で大好きなサッカーをしてから、夜まで過ごすアガペ保育所へと帰っていく道すがら、声をかけられました。
「おいマヤニ、たまには俺たちと楽しいことしようぜ！」
「僕はいいんだ。アガペでジョンさんたちが待ってるから」

彼はよく友だちから、シンナーや物盗りの誘いを受けます。彼の周囲には、貧困から犯罪に走る子どもたちがたくさんいるのです。でもマヤニは、絶対に悪いことはしないと心に誓っています。彼には大きな夢があるからです。

ケニア南部の港町モンバサは、ビーチリゾートとサファリの両方が楽しめる有数の観光地で、欧米を中心にたくさんの人が遊びに来ます。13歳のマヤニ（2008年時点）は、そこから北に20kmほど行った所にあるムトゥワパ村で暮らしています。

村は30年ほど前から観光地化が進み、外国人相手の商店やバーが増えてゆく一方で、物価が上がっていきました。また、観光客相手の仕事を求めて首都ナイロビから大勢のケニア人が流れてきたため、村の一部がスラム化して、貧しい人たちはそこで暮らしています。村の人口は約7万人で、大勢の失業者がいます。貧困のため売春や強盗、ドラッグなどに手を染める人が後を絶ちません。また、子どもたちは満足に学校へ行くこともできません。スラムに暮らす平均的な母子家庭では、平均月収が25ドル、家賃が16ドル、残りの9ドルで1カ月分の食費をまかなっていました。こうした環境では、とても子どもの教育にお金をかけられないのです。

多くの親たちは、失業やアルコール中毒に苦しんでいたり、病気で亡くなってしまったりしていて、親が両方ともいない子どもも少なくありません。そうした子どもは親戚の家で暮らすことになりますが、同じく家計のきびしい

chapter 2 >>> 貧困とたたかう子どもたち

> 学校に行きたい。
> もっと勉強して、医者になりたいんです。
> マヤニ（13歳）

親戚の家で、育児放棄や虐待されるケースも目立ちます。家で居場所を失った子どもたちは、路上にあふれ、生きていくために犯罪に走る悪循環に陥っています。

マヤニが通っているアガペ保育所は、そうした子どもが犯罪をしなくてすむように、夜の7時まで子どもたちを預かる施設です。ケニア人のジョンとスイス人のイザベラ夫妻が運営していて、ボランティアの先生たちが手伝ってくれています。現在は4歳から13歳まで、約80人の子どもが通っています。ここでは、先生たちによる教育と、昼食の提供を行なっています。

マヤニがアガペにもどると、年下の子どもたちはジョンが作った歌の練習をしていました。今日の内容は、「女の子が教育を受けなくてもいい」というケニアによくある考え方は間違いで、教育は誰にとっても大切なものというものです。ジョンは子どもたちが歌を朗読しながら、そうした意識を持ってもらいたいと思っています。今ではアガペの子どもたちの中で一番年上となり、小さい子の面倒もみているマヤニは、3歳のときからここで育ってきました。

◆学校に行きたい！

マヤニは7人きょうだいの5番目として育ちました。マヤニの民族であるマサイの人たちは、田舎では家畜を育てて遊牧生活をしていますが、街に出た人は男性は警備員、女性はダンサーをしたり、ビーズ細工を作って売っています。マヤニの両親も、マサイの伝統生活を観光客に見せるテーマパークのような村で、ダンサーをしていました。お母さんが仕事に行くときは、幼いマヤニもいっしょだったので、いつしか彼はそこで働くようになっていました。

この村にとって、かわいらしいマヤニは欠かせない存在でした。マサイの

子どもたちを見守る
アガペ保育所のジョン

　衣装を身につけた彼らきょうだいの写真は、村の観光パンフレットにも使われていました。いつも観光客にカメラを向けられて生活していた子どもたちは、他の子と遊んだりする時間も勉強する時間もなく、早朝から深夜まで無給で働かされていたのです。1997年にたまたまこの村を訪問したジョンは、マヤニたちの現状に驚き、マヤニを保育所に通わせてはどうかと提案します。
「マヤニたちはひどい児童労働をさせられていたので、教育を与えるべきだと話しました。マサイの人たちはいつも低賃金ですが、マヤニの親子も都合のよいように使われていました」

　そうしてマヤニは3歳でアガペ保育所に入園して、学校にも通えるようになりました。ところが2002年に、マヤニのお父さんが事件にまきこまれて殺されてしまいます。生活が苦しくなったお母さんは、子どもたちを実家にもどして、家畜の世話をさせることにしました。もちろんマヤニも学校をやめなくてはなりません。しかし、彼の学力に可能性を感じていた校長先生が、学校に通わせるようお母さんを説得して、マヤニと4歳下の妹の2人だけがムトゥワパにもどり、勉強を続けることができるようになりました。マヤニの通う学校は、1クラス40人用の教室に120人も詰め込んで授業をしているため、先生はていねいに教えることができません。それでもマヤニの学力は伸びていたのです。

　一般的にマサイの親は、子どもを学校に行かせることを大事にしていません。亡くなったマヤニのお父さんには奥さんが2人いて、マヤニも含めて10人以上の子どもがいます。でもその子どもたちの中で、学校に入学したのはマヤニが初めてでした。文字の読み書きができるのもマヤニだけです。

　学費も問題でした。現在のケニアでは、中学までの授業料は無料ですが、教材などで年に170ドルのお金がかかります。年収600ドルのお母さんにとってはたいへんな額です。高校に通うのは年に300ドルもかかってしまい

chapter 2 >>> 貧困とたたかう子どもたち

アガペの子ども

ます。そのため、ほとんどの子どもは、上の学校に行くことができません。

　お母さんは、なんとかマヤニに中学校だけでも卒業させたいと思い、毎日夜遅くまでホテルのショーなどで踊りました。お母さんが家にいない間、マヤニは妹の食事や身の回りの面倒をみました。そして夜遅く帰ってくるお母さんのために、ドアの鍵を開けたままにしておいたのです。ところがそのために事件が起きました。'07年、マヤニがいない間に家に忍び入った男に、当時8歳の妹がレイプされてしまったのです。この事件は幼い彼女の心に深い傷を残してしまいました。お母さんもとてもショックを受け、それ以来外出のときはいつも、彼女を近所の家に預けるようになりました。

◆足りないものはありません

　アガペ保育所の運営は、かつてはヨーロッパの団体の支援でまかなっていましたが、それが途絶えてしまった今は、ジョン夫妻の貯蓄だけで持ちこたえています。

　お金が足りないので、最近も遠くに住んでいる子どもの送り迎え用に使っていた保育所の車を売り払ったばかりです。子どもたちに食事も出せない日が増えましたが、近所の人のサポートでなんとかやっています。

　ジョンは、子どもたちにどん底にいるときも希望を持って前向きに生きることを教えています。'08年、私たちがピースボートのツアーで訪れたときに、そうした保育所の運営のきびしさを知った参加者から「足りない物は何ですか？」と質問されたジョンはこう言いました。

「足りない物はありません。人が足りないときはみんなが協力してくれるし、物が足りなければ誰かが贈ってくれる。それでも十分じゃないとしても、私たちはけっして何もできないわけではない。みなさんが訪れてくれたことだって、大きな力になっています」

ムトゥワパ村の家々

　そうしたなか、ジョンやマヤニにうれしい知らせがありました。前々からドイツの財団に申請していた、助成金が出ることが決まったのです。これで子どもたちのための宿泊施設を造れます。アガペは7時になると子どもを帰さなくてはなりません。でも夜も親が働いている家庭が多く、マヤニの妹のように危険な目に遭うケースが多いのです。宿泊施設ができることで、安心して眠れる子どもが増えます。マヤニもそこで暮らすことになりました。'09年には、ピースボートが集めた募金で、敷地内に小さな職業訓練所が建設されました。15歳以上のほとんどの子どもが、お金の都合で上の学校には行けないため、手に職をつける必要があります。ここでは、男の子は家具作り、女の子は洋裁を習います。洋裁を教えるのは子どもの母親たちです。

◆変化をつくる人になりたい

　'08年、マヤニらアガペの子どもたちはピースボートの招待で、モンバサの近郊にあるサファリを訪れました。ここでは、野生の動物を間近に見ることができます。しかし、ここで生まれた子どもたちのほとんどは、すぐ近くにあるサファリに行ったことがありません。彼らにとってそうした場所は、お金持ちの外国人観光客が行く所だったのです。初めて動物を見たアガペの子どもたちは、歓声をあげました。
「生まれて初めて見るゾウやキリンにビックリしました。そして、サファリだけではなく、やさしい日本の人たちとの出会いは、僕により広い世界への目を開かせてくれました。お互いの国のことをたくさん話して、心を通わせるということは感動的でしたね。自分にそんな瞬間が訪れるとは思っていませんでしたから」
　苦しいときも、いつも前向きに行動するジョンを見て育ってきたマヤニは、彼のような立派な大人になりたいと願っています。

chapter 2 >>> 貧困とたたかう子どもたち

子どもたちがピースボートの
参加者をお出迎え

「僕の夢はもっと勉強して医者になることです。幼いとき病院へ行ったら、待合室には痛みに耐えながら診察を待つたくさんの患者さんがいました。でもその病院にはドクターがひとりしかいなかったんです。これをきっかけに、僕は医者になって病気の人を救いたいと思うようになりました」

マヤニは、本当は上の学校に行きたいのですが、他の子どもと同様、お金が足りないため、今のところ高校に進学するのは難しい状況です。それでも彼は、自分が世界に変化をもたらす人になりたいという希望を持ちつづけています。(高橋真樹／協力：金原弘美)

More Information

◎あなたができること

1) ムトゥワパ村を訪れる

ピースボートでは地球一周の船旅で、ムトゥワパ村を訪れ、子どもたちと交流するツアーを行なっています。

2) ケニアで一番大きなスラム「キベラ」について学ぶ、訪れる

ケニア・ナイロビ在住のライター、早川千晶さんがキベラで運営する学校の子どもたちのレポートや、現地を訪れるツアーの情報などが掲載されています。
● UPEPO- アフリカの風ネットワーク
ホームページ http://homepage2.nifty.com/upepo/

07 バングラデシュ
フェアトレードがつむぐ子どもたちの未来

◆ 200人にトイレが2つ

　バングラデシュは、インドから陸続きの国。国の面積は14万4000km²で日本の約4割、インドの25分の1程度の狭い国土に、約1億6000万の人が住んでいます。1971年にパキスタンから分離独立した新しい国で、国民の8割以上がイスラム教徒。ほとんどの人がベンガル語を話します。パドマ川（ガンジス川）をはじめとする河川が、肥沃な土壌を生み出しています。

　国内に大きな産業がなく、人口の約60％が農業に従事しています。バングラデシュは「最貧国（後発開発途上国）」のひとつといわれていますが、最貧国というのは、国連開発政策委員会の定義で、国民1人あたりの国民総所得（GNI）が905ドル以下で、健康や教育など人をとりまく環境や、経済の基盤の強さが一定基準以下の国を指します。バングラデシュの国民1人あたりのGNIは590ドル（2009年の数値、世界銀行）で、経済成長で注目されるお隣の国インドの半分ほどしかありません。

　目立った産業のないなかで輸出額の70％以上を占めるのが衣料品です。国内にある4500の衣料品工場で250万人の人が先進国向けの洋服をつくる仕事にかかわり、おもにヨーロッパへ輸出されていきます。最近、日本で消費される衣料品の多くをつくっている中国での人件費が上昇するなか、中国の数分の1といわれる人件費の安さと、後発開発途上国が適用を受けることのできる特別特恵関税によって一部衣料品には関税がかからないことが注目されて、中国からバングラデシュへ生産拠点を移す日本企業も増えてきています。

　首都ダッカのあるスラム地区の一角には、衣料品産業で働く人たちや日雇い労働者、その家族200人以上が暮らしています。トタンで周囲を囲ったバラックは、何メートルもある細い竹の骨組みでぬかるんだ土地の上に建てら

chapter 2 >>> 貧困とたたかう子どもたち

> お母さんといっしょに村で暮らせて、
> 学校にも行けて、毎日楽しい。
> 将来は学校の先生になって、
> 村の人の役に立ちたいの。
> タナパラ村で暮らすジョスナ（9歳）

れ、雨季に川の水があふれ出すと水浸しになり、下水も糞尿もみんな流れ込んできます。トイレの糞尿は、直接川の上に落ち、ごみの回収もないので、そのまま水たまりに捨てられます。糞尿とごみと下水が混ざり合った川の水は悪臭が漂います。バラックの周りで子どもたちが走りまわりますが、足元にはガス管と水道管が走り、足元に敷かれた板きれの間は隙間だらけです。小さな子どもなら、ストンと水の上に落ちてしまいそうです。

この一角に住む200人の人びとが共同で使う台所には、コンロが6口だけ、トイレは2つ、シャワーはひとつしかありません。バラックの中の小さな部屋の数も限られているので、交替で寝なければなりません。

◆先進国のために服をつくっても

こういったスラムに住む人の多くが、農村から仕事を求めてダッカまでやってきた人びとです。人口が密集している首都ダッカでは住宅や家賃が高いため、満足な家を借りることができない人が多いのです。先進国に輸出するための洋服を日々つくっているのに、満足な暮らしができないのはなぜでしょうか。

バングラデシュでは、人間らしい生活を送るために5～6人の1世帯が1カ月に必要なお金は約5000タカ（約6000円）といわれていますが、ダッカで海外に輸出するための衣料品をつくる縫製工場の労働者の法律で定められた最低賃金は3000タカで時給にして10円ほど。そもそも、最低賃金の基準が生活の実態に見合っていないのです。残業をしても手当がつかなかったり、お給料の支払いが遅れることも珍しくありません。食品の値段も、毎年上がっています。仕事に就けても人間らしい暮らしはできない、そんな状況があります。

低賃金でつくられる衣料品は先進国で「ファスト・ファッション」と呼ば

「タナパラ・スワローズ」で働く女性たち

れ、安さと流行を売りにして多量に流通します。「安くて早い」、使い捨てるように売り買いされるファッションは、まさにファーストフードの洋服版です。先進国のバイヤーが早く安くつくるよう、工場主に無理を押しつけると、その最終的なしわ寄せは労働者のところにやってきます。日本の私たちが驚異的な安さの服を喜ぶ背景には、「休みは月に1日。1日12～16時間働いても残業代はなし」の労働があるかもしれません。生まれ故郷の村にもどりたくても、村には暮らしていけるだけのお金を得られる仕事がないのです。

驚くほどの安さで売られている衣料品。この服をつくったつくり手は労働に見合うほどの賃金を得ているか、家族は十分な食事をとれているか、子どもたちは学校に通えているか……。私たちには、その答えは見えません。

◆アスマのお母さん

スラムの路地の片隅で遊んでいる女の子に話しかけてみました。アスマと名乗った5歳の女の子のお母さんは、いつもは衣料品工場で働いていて、お父さんはリキシャのドライバー、「お兄ちゃんは村のおばあちゃんのところにいる」と言いました。

アスマに手を引かれて家に行くと、ベッドのほかにほとんど何もない部屋に、病気でぐったりとした子どもを抱えてお母さんが座っていました。傍らには2人の子どもたちがいました。

「1人で4人の子どもを育てているけれど、栄養のある食べ物をあげられない。ここは衛生的じゃないから、子どもたちがすぐに病気になるの。誰かの具合が悪くなると仕事にも行けないし、その分のお給料ももらえないのよ。このあたりには病院もないし。長男は、学校に通う歳になったから、田舎の両親に預けているわ」

アスマの一家が、みんないっしょに故郷の村で暮らすには、村でできる安

chapter 2 >>> 貧困とたたかう子どもたち

スラムで遊ぶ子どもたち
（左）

竹の骨組みの上に建てられた、ダッカのスラム（右）

定した仕事が必要です。

◆フェアトレードの村

　アスマ一家の暮らすスラムのある首都ダッカから離れて北西に車で6時間余り走ると、パドマ川のほとりにたどり着きます。そこにあるタナパラ村は、川にはカニや魚が群れ、岸壁にはツバメが巣をつくっています。人びとは、小枝で歯をみがき、川底の泥で髪の毛を洗っています。ふっくらとした土の香りが流れ、子どもたちは、日がな一日水遊びに歓声をあげています。

　そんな、どこか懐かしい穏やかな、人口1万2000人の農村ですが、この村には、悲しい歴史がありました。はじめにも紹介しましたが、バングラデシュがパキスタンからの独立をめぐって戦争をしていた'71年、タナパラ村はパドマ川を越えてやってきたパキスタン軍に侵略されたのです。村の住人は川べりに集められ、大人の男性のグループと、女性と子どもたちのグループに分けられ、大人の男性200人あまりがみな殺されてしまいました。

　'73年、一家の働き手を失った女性や子どもたちを支えるために、「タナパラ・スワローズ」という団体がスウェーデンのNGOによって設立され、洋服づくりが始まりました。同時に、貧しい家庭の子どもたちが無料で通える小学校を設立しました。バングラデシュでは手織りは男性の仕事とみなされていましたが、男性がいなくなったこの村では、女性が技術を身につけ、収入を得るための手段として引き継いでいきました。横糸を巻きつけたシャトルを滑らせて、縦糸と交差させる作業を繰り返すうちに美しい布が織りあがっていきます。手織りの仕事は重労働ですが、機械織りの約10倍の人が仕事に就くことができるといわれます。また布づくりのほかにも染色、糸巻き、縫製、刺繡と、さまざまな関連の仕事が必要になり、さらに雇用が生まれます。こうして仕事の機会をつくり、公正な対価を支払うことでつくり手が自立でき

タナパラ村で、
お父さんのお手伝いをする子ども

るよう支援するのがフェアトレードです。この「タナパラ・スワローズ」はフェアトレードの収益と、海外の支援者からの資金援助で運営しています。現在、250人以上の女性たちが働いていますが、その収入で彼女たちが家族の生計を支えています。そして、ここで生産された衣料品は、その70％が「ピープル・ツリー」の発注によるもので、多くが日本にも輸入されています。

　農村に仕事があれば、農村を離れて都会に出ることも、家族の誰かが出稼ぎに行くことも必要なくなります。一家を養うことができる収入があれば、家族が同居しながら安定した生活を送ることが可能になるのです。また、女性が経済的な基盤を持つことで自信と自立の機会を得ることができます。

　「タナパラ・スワローズ」は、フェアトレードで得た収益金で、女性の知識向上のためのワークショップや、法的支援のサービス、衛生・医療サービス、600人以上の村の子どもが無料で教育を受ける小学校、働く母親のための保育所の運営など多くの「地域発展プロジェクト」を行なっています。

　フェアトレードは「公正な貿易」と訳されますが、国を越えた貿易をするとき、人と地球に配慮するという、あたり前のことを大切にしています。現状の国際的な貿易では、買う側（先進国）の立場が、つくる側（途上国）より強くなってしまっていることから、資源や製品が不当に買いたたかれる場合があります。その結果として、その土地の自然環境を破壊してまで資源の開発をしたり、つくる人の人権を無視して長時間、低賃金で働かせたり、児童労働などといった事態も引き起こされています。

　フェアトレードは、途上国に仕事をつくり出し、製品に対して公正な対価を払い、継続的に取引をすることで生産者が自立できるよう支援しています。また、地域に伝わる手仕事や生産地で採れる自然素材を大切にし、持続的な生産を目指しています。デザインや技術研修の支援も行ない、生産者のスキルと製品の質を上げることができるよう、努力しています。

タナパラ村の子ども、
新聞紙でつくったたこを持って

◆教育がひらく未来

　宗教や社会的慣習の影響もあり、女性が家の外で働くこと自体がめずらしいバングラデシュの農村では、女性が就ける仕事は家の使用人などが主で、とても限られています。家族を養うためにダッカのような都市に出稼ぎに行く人が跡を絶ちません。

　しかし、農村の生活費は、大都市に比べて3分の1程度ですから、生活費に見合う現金収入があれば暮らしていけるのです。「タナパラ・スワローズ」で働く女性たちの平均的な賃金は、1カ月4000タカ（約4750円）程度で、ダッカの縫製工場の労働者がもらっている賃金よりも多く、農村で生活していくには十分な現金収入を得ているのです。なにより、ここでは家族といっしょに人間らしい暮らしを送ることができます。

「以前はダッカに出稼ぎに出ていたけど、スワローズのことを聞いて故郷にもどってきたの。家族と暮らせるのが、一番よ。ダッカの工場とちがって、労働環境もいいし、お給料もいい。それに、田舎は生活費も安いし、ニワトリを飼ったり、野菜をつくったりしているから、毎月2000タカも貯金できるの。お金を貯めて、子どもにいい教育を受けさせたいの……」

　この女性は、「スワローズがなかったら、仕事に就くことができなかったし、子どもを学校に通わせることもできなかった」と話していました。

　バングラデシュでは、小学校を卒業するのは学齢期の子どもの3分の2程度にすぎません。親が十分な収入を得られないと、まず女の子が学校をやめてしまいます。女の子の30％以上が退学して家の仕事を助けたり、働きに出てしまうのです。

　タナパラ村の子どもたちは、家事や野菜づくりの手伝いはしますが、小学校には通っています。「タナパラ・スワローズ」が運営する小学校には、地域

スワローズ小学校の子どもたちに、フェアトレードをテーマに絵を描いてもらいました

の子どもや生産者の子ども、約600人が通っています。学校は、スワローズのフェアトレードの収益金で運営され、子どもたちには制服や教科書が支給され、無料で教育を受けることができます。学校に通う前の小さな子どもたちがいるお母さんは、子どもをスワローズが運営する託児所にあずけて仕事ができます。お母さんは仕事中、赤ちゃんの授乳にくることだってできます。

　この村ではフェアトレード生産者の子どものほとんどが、高校卒業の17歳まで教育を受けますが、教育を受けた子どもたちは、大人になったとき、より多くの選択肢が持てます。実際、小学校の卒業生の中には、医者や看護師、教師など、学歴が必要な職業に就いたり、スワローズの運営を支えるスタッフになって、地域のために働いている若者も大勢います。

　スワローズの小学校を訪ねました。みんな、お揃いの制服を着て、手には使いこまれた教科書を大事に抱えています。あっという間にはじけそうな笑顔に囲まれました。「名前を教えて」「どこから来たの」と、学校で習った英語で元気に話しかけてきます。子どもたちに、将来の夢を聞きました。「先生」「お医者さん」「パイロット」。子どもたちの目は、将来への希望で輝いていました。

　みんなの前でかわいい歌を披露してくれた3年生の女の子、ジョスナのお母さんはスワローズで働いています。「2年前まで、お母さんはダッカの工場で洋服をつくっていたの。私もいっしょにスラムに暮らしていたけど、スワローズのことを聞いて、いっしょにお母さんの生まれ故郷の村にもどってきた。今はお母さんとお父さんと弟といっしょに暮らせるし、学校で勉強もできるのよ」。その言葉を聞いて、ダッカのスラムで出会ったアスマちゃんのことが思い出され、アスマちゃん一家にも、いつか家族でおだやかに暮らせる日が来ることを願わずにはいられませんでした。

　校庭に集まった子どもたちに聞きました。「学校が好きな人？」。すると、いっせいに子どもたちが手をあげ、元気な歓声があたりを満たしました。（小野倫子）

chapter 2 ≫≫ 貧困とたたかう子どもたち

More Information

◎ピープル・ツリー

　WFTO（世界フェアトレード機関）の認証を受けたフェアトレード団体。アジア、アフリカ、中南米の 15 カ国で活動する 50 の団体が手作りで生産した、自然素材を活かした衣料品やアクセサリー、食品、雑貨などを、直営店（東京・自由が丘、表参道、銀座）、通信販売（カタログ、インターネット、モバイル）、全国の 300 の取扱店を通じて販売しています。ピープル・ツリーの発注によって、世界中で 2300 人以上（フルタイム換算）が仕事を得ています。

● ホームページ　http://www.peopletree.co.jp

◎あなたができること

1）問題を知ろう

　自分が買う製品が、作る人の権利や生産地の環境を守ってつくられているのか、調べてみましょう。

2）フェアトレード商品を買おう

　利益を最優先にする企業からではなく、人の生活や環境を守ることを最優先にして作られた、フェアトレード商品を選びましょう。お友だちへのプレゼントを選ぶときにも、フェアトレードのことを思い出してみてください。

3）イベントに参加しよう

　フェアトレード商品を実際に手にとってみたり、フェアトレードについてもっと知ることができます。近くのフェアトレードショップのイベント情報をチェックしてみましょう。

4）フェアトレードを広めよう

　学校の友だちや家族など、身近な人にフェアトレードを紹介しましょう。学校での発表や研究の題材にフェアトレードをテーマに選ぶのもよいでしょう。

【出典】
・バングラデシュ GNI 数値：Gross national income per capita 2009, Atlas method, http://siteresources.worldbank.org/DATASTATISTICS/Resources/GNIPC.pdf
・バングラデシュ就学率：山形辰史「バングラデシュにおける貧困削減と人間の安全保障」『人間の安全保障の視点を取り入れた貧困削減に向けての国別地域別分析』第 8 章 , 日本貿易振興機構アジア経済研究所 , 2005 年

写真提供：Miki Alcalde、ピープルツリー

08　グアテマラ
病とたたかう子どもたち

◆国民の半分以上が「貧困層」

「ピースボートのポスターを見て入ってきました。お願い、助けてほしいの！」
　2005年の末、高田馬場（東京）にあるピースボートの事務所に駆け込んできたその女性は、いきなりこう切り出しました。中米のグアテマラから来たアンヘリカという名の彼女は、とまどう私たちにかまわず、矢継ぎ早に自分たちをとりまく状況について話します。
　アンヘリカは、グアテマラで働いていた日本人と結婚して、世界遺産にもなっている美しい街、アンティグアに暮らしています。彼女は貧しい家庭に生まれながらも必死に勉強し、大学で先生になりました。彼女が最近始めた活動は、かつての自分たちのように貧しさや病気のため学校にも行けず、食事も満足にとれない子どもたちをサポートする、というものでした。
　中米の小国グアテマラは、マヤ文明が栄えたところで、現在もマヤ系の先住民が国民の4割を占めています。1960年からは軍事政権と、ゲリラ組織との内戦が36年間も続いた国です。軍事政権は、ゲリラを倒すという名目で、人口の過半数を占める先住民族の村々を襲い、一般の人びとを大勢殺害しました。'96年には政府とゲリラが和平協定を結びましたが、国連の推計によると、内戦によってグアテマラ全土で626の村が破壊され、死者・行方不明者は20万人以上にもなりました。さらに、犠牲者の18％は子どもでした。
　その内戦の影響で、現在も人びとは恐怖と悲しみにとらわれています。また、多くの村が失われたため、地域社会は崩壊してしまい、貧困に苦しむ人びとが増えました。内戦終結から10年が経った'06年の政府発表では、国民の半数以上、56％が貧困層で、16％が極貧状態とされています（グアテマラ人権擁護事務局）。しかし、実数はもっと多くの人が貧困に苦しんでいるのではないかともいわれています。貧しさのため学校に行けない子どもも多く、

> 神様、ボクに力をください。
> ルイス・フェリペ（12歳）

識字率は中米で最低の数字（67％）です。
　'05年、アンヘリカは2人の友人と共に「エル・カイロ」（マヤ語で「笑顔」の意味）というNGOを立ちあげました。アンヘリカの家を事務所に、貧しい子どもたちへ教材や服、食事を提供しています。また、コミュニティの女性を対象に、幼児教育や家族計画、家庭内暴力などについての研修も行なっています。しかし、今のところ3人のスタッフは完全なボランティアで、資金もポケットマネーでまかなっている状態です。援助を求めてピースボートに駆け込んできたのは、そのためでした。

◆「ボクは、病気の子どもたちを助けたいんだ」

　「エル・カイロ」がサポートしている子どものひとり、ルイス・フェリペ（12歳）は、生まれながら重い病気を患っていますが、治療費を払うことができません。生後2日目からてんかんの発作と呼吸器障害が起きた彼は、今も脳が腫れていたり、心臓にも問題を抱えています。医者は、この子が生きていること自体が奇跡だと言います。病気のため、学校にも通うことができない彼ですが、「エル・カイロ」の活動にはいつも参加しています。
「ボクは病気のせいで普通の子のような生活は送れないんだ。それでも元気なときは勉強したり、サッカーしたり、走ったりできるんだよ。一番楽しいのはエル・カイロの仲間と遊べるとき。あとボクの家には食べ物が足りないので、カイロのスタッフが食べ物を持ってきてくれるときは、夜お腹に何か入ったまま眠れるからうれしいんだ」
　ルイスは、自分がお金のたくさんかかる病気を抱えていることや、そのことで家族がたいへんな思いをしていることで胸を痛めています。
「つらいのは、お医者さんからもっと検査が必要だと聞いたお母さんが心配そうな顔をするとき。ボクの検査と、きょうだいたちへの食べ物のどっちを

モニカ・レベッカ（中央）と家族

とるかで悩んでしまうから。そんなときは神様に祈ります。ボクに力を与えてください。早く大きくなって、働けるようになって両親を助けることができるようにと。エル・カイロは、必要なものを買ってくれることもある。でも、いつもお金があるわけじゃないんだ。アンヘリカたちはすごくがんばって、ボクたちを助けてくれているのがわかるよ」

ルイスの夢は医者になることです。「ボクはお医者さんになって、たくさんの命を救いたい。ボクと同じような病気の子どもたちを、お金を取らないで助けたい。でもそれはとても難しいんだ。なぜなら今はボクの病気を治す方法がないし、学校で教育を受けることができないから……」

アンヘリカは言います。「ルイスは、自分の健康状態がよくないのに、努力家で、生きたいという希望が強い子です。ルイスの命を維持するためには毎月80ドル必要なのですが、エル・カイロでも全額出すことはできません。せめてもう少しお金があれば、彼の発作を和らげることができるんけど……」

◆「学校には怖くて行けないの」

目が不自由な少女、モニカ・レベッカ（13歳）は、出生登録もされていません。家族は彼女が生まれたときのことをきちんと把握していないので、誕生日もはっきりしないのです。彼女は目が見えないので、学校に行っても先生に叱られてばかり。それで今では学校にも行けません。しっかりとした教育を受けている人も少なく、障がいに対する理解がまだ十分ではないこの国では、ハンデを負った子どもにやさしくできないのです。そのためエル・カイロの活動は、彼女にとって唯一の救いの場所になっています。

「先生に怒られるから、学校には怖くて行けません。この目がよくなれば、他の子たちと一緒に遊べるのに……。お父さんとお母さんは治療費を払えません。だから助けてくれる人が現れますようにと、いつも祈っています。ア

chapter 2 ▷▷▷ 貧困とたたかう子どもたち

プレゼントを渡される子どもたち

ンヘリカたちは、私のことを本当に可愛がってくれるので、とてもうれしいです。学校の教材をくれたり、気長に読み書きを教えてくれたり。お金があるときは目の薬だって買ってくれます。アンヘリカたちから学んだことはたくさんあります。たとえば自分がお金を持っていなくても、周りの人を大切にするということです。どんな人だってかけがえのない存在なんだよ、だから大切にしなきゃねって、エル・カイロの人たちはよく言っています」

ルイスと同じように、モニカも将来は看護師になって病気の人を助けたいという夢を持っています。他の子どもに、「病気が重くても希望を捨てないで」と伝えたいと思っているのです。

◆子どもたちはグアテマラの未来

アンヘリカは、子どもたちに夢を持つことの大切さを伝えてきました。彼女自身、とても貧しい家庭に育ちながら、友だちから古くなった服や靴、教材などをもらって一生懸命勉強しました。彼女はかつての自分のような貧しい子どもを助けるにはどうしたらよいかを考えています。

「私にとって幼い子どもたちを支援するのは大きなチャレンジです。内戦の時代を生きた子どもたちの親もまた、たいへんな状況にあります。彼らは前に進みたくても、貧困だったり、教育を受けずに育ったことで、自分の子どもたちの苦しい状態を考える余裕がありません。私は子どもだけでなく、そうした大人のサポートもしたいんです」

アンヘリカと共にエル・カイロを支えるアルフレッドとドルカスの夫婦もまた、たいへんな環境で生きてきました。アルフレッドは小さいとき、内戦のために村から逃げなくてはいけませんでした。その後、6歳のときにお父さんが軍に殺され、家族はバラバラになってしまいます。さらに、故郷の村は電力会社に奪われ、ダムの底に沈んでしまいました。故郷も家族も失った

グアテマラの村での交流会
（写真提供：Stacy Hughes）

彼は、15歳になるまで孤児院で育ちます。その後は働きながら勉強して、大学まで行けるようになりました。一方ドルカスは、お父さんがアルコール依存症でした。彼女はきょうだいの面倒をみながら15歳の頃から働いて、家計を助けました。転機になったのはアルフレッドとの結婚です。看護師の勉強を始めた彼女は実習中に、貧困で亡くなっていく人びとを目にします。薬を買えずに亡くなる子どもたちがたくさんいました。アルフレッドとドルカスは言います。「私たちは自分が悲しい体験をしてきたからこそ、子どもたちのために働きたいんです。子どもたちはグアテマラの未来なのだから」

　エル・カイロは現在、サン・フェリペ・デ・ヘスス村で約90名の子どもたちのサポートをしています。ルイスやモニカは先住民の血をひいていますが、そうでない子もいます。内戦中に土地を失い、スラムに暮らす貧しい人びとは、先住民だけではないからです。この村は、そうして土地を失った人びとが逃げてきた、山の斜面にできたきびしい環境の村です。近くにあるアンティグアでは、快適に暮らしているお金持ちもたくさん住んでいますが、彼らの多くは、貧しい人の現実に関心を持ちません。そうした人びとに関心を持ってもらうことも、エル・カイロの目的になっています。活動資金ではいつも苦労していますが、支援の輪は少しずつ広がってきているようです。

　'08年8月、ピースボートはエル・カイロを訪れ、子どもたちと交流しました。アンヘリカはその様子を、興奮気味に伝えてくれています。
「日本のみなさんが来てくれたときには、子どもたちはとても喜んでいました。彼らにとって、これほど多くのやさしい人たちに出会う機会は今までなかったから本当によかったと思います」

　アンヘリカは、子どもたちが素晴らしい大人へと成長し、今度は他の子どもに夢を実現することの大切さを広げていってほしいと願っています。

（高橋真樹／協力：常磐未央子）

chapter 2 >>> 貧困とたたかう子どもたち

More Information

◎あなたができること

1) グアテマラ内戦の歴史や先住民族のことを知る

・ジェームス・ロドリゲスのホームページを見る

メキシコ生まれのフォトジャーナリスト。現在はグアテマラに暮らし、内戦時代に起きた人権侵害や、貧困と闘う先住民族の動きなどをとりあげています。ホームページでは photo essays のコーナーが参考になります（英語もしくはスペイン語）。

●ホームページ http://www.mimundo.org/

2) 募金をする

ピースボートではエル・カイロほか訪れる各寄港地の支援活動を行なっています。

★募金先・募金方法は 31 ページをご参照ください。

3) グアテマラへ行く

ピースボートでは地球一周の船旅で、グアテマラの NGO を訪れるツアーを行なっています。エル・カイロの子どもたちと交流したり、活動を見学することもできます。

●エル・カイロ連絡先（スペイン語のみ）
elkairogt@hotmail.com

(写真提供：Stacy Hughes)

09　メキシコ
環境と暮らしをまもる森林農法とみんなのお金

◆**森と暮らしをまもった協同組合**

　ナワット族の農民が中心となって結成した「トセパン」協同組合の若きリーダーであるオクタビオ（25歳）と共に、私は、組合員である生産者とその子どもたちに森のこと、コーヒーのこと、みんなの銀行のことを聞いてきました。

　この地域では、森林の減少による生活環境の悪化、僻地であることによる教育機会の欠如、一方で、都市型の生活様式の導入がありました。そのため、子どもの将来に不安を感じる親の世代が多かったのです。そんな中でトセパン協同組合では、本当に豊かな暮らしと子どもたちの明るい未来のために「森」と「みんなのお金」を活かした活動を展開しています。

　メキシコの首都、メキシコシティからバスに揺られて6時間。プエブラ州の北東部一帯に山深い地域、シエラノルテが広がっています。山岳地帯特有の気候で、年中湿度が高く、夏は豪雨が襲い、冬は濃霧に包まれる土地です。今はバスが通っていますが、かつてはここに暮らす山岳民が必要とする生活物資の補給や収穫物の搬出も曲がりくねった狭い道を使っていました。

　昔からこの山岳地帯で農業を営む先住民ナワット族の生活は、とても貧しいものでした。一方で、大土地所有者は、牧場やコーヒー畑を拡げるために森の木を切り倒し、殺虫剤などの農薬をたくさん散布したこともありました。その結果、動植物の数は減り、生活はさらにきびしくなっていきました。

　1977年、このままではいけない、と農民を組織化して「トセパン」協同組合をつくり、伝統的な森林農法に取り組むことを決めたところから、ナワット族に転機が訪れました。目先の利益のために森を伐採するのではなく、森を残してその中で食べ物やコーヒーを育てることを、皆で協力して始めたのです。

　今、ナワット族の人びとは、外からの力に頼ることなく、シンプルながら

> 僕は森の暮らしがとても好きなんだ。
> おじいさんは、この森が
> 僕らの暮らしを守ってくれるって言ってるよ。
> 　　　　　シモン（12歳）

　も豊かな暮らしを実現しています。「トセパン」のフルネームは「トセパンティタタニスケ」。この組合名には、「団結すること。それが、みなが幸せになる道である」という意味があります。互いに支え合い、森と共存することで、1万4800世帯（約8万5000人）の生活を支えています。

◆森をまもり、森をつくる森林農法

　通常のコーヒー農園では、効率を重視するために森の木を全部切ってコーヒーだけを植えます（プランテーション農法）。かつてこの地域でも推進されたこの農法は、農薬や化学肥料もたくさん使うため、動植物の多様性や自然が失われただけでなく、環境も汚染されました。また、コーヒーの収益だけに暮らしを頼ると、価格が下落したときに大きな影響を受けることになり、場合によっては農地を失い、住み慣れた土地を離れなければならなくなります。

　他方で、アグロフォレストリー（森林農法）に取り組む農園では、1年を通して森から恵みを得ることができます。換金作物のコーヒーのほか、バナナやオレンジなどの多様な果物、スパイスやシナモン、建築材となる木、薬草など森にさまざまな土地在来の木と植物を植えていきます。コーヒーの木は日陰を好むため、周囲には高く伸びる樹木が植えられます。その日陰は強い陽射しからコーヒーを守り、落ち葉は土壌を豊かにします。木の実を求めて、たくさんの鳥や小動物たちも森をすみかにしています。農薬や化学肥料に頼らない本来の生態系の状態でさまざまな作物を育てるこの方法だと持続的な農業を続けることができ、コーヒーの相場が下がったときなどにも比較的安定した経営をすることができます。

　「トセパン」協同組合設立メンバーのひとり、マルティンさんの孫のシモン（12歳）はこの森が大好きです。「森にはコーヒーの木以外にもたくさんの樹

コーヒーの木と実

があるんだ。マンゴーやアボカド、ナッツやキノコも採れる。体の調子が悪いときには薬草だって森から採ってくるよ。僕はこの暮らしがとても好きなんだ。おじいさんは、この森が僕らの暮らしをまもってくれるって言ってるよ」と満面の笑みでシモンは話してくれました。

◆ミツバチも森をまもる

「トセパン」協同組合の中には、コーヒーや果物の栽培だけでなくハチを飼っている農家もあります。この地域のミツバチは針がなく、刺される心配はありません。子どもたちが遊びながら、楽しく手伝うことができます。かつては丸太をくりぬいて巣箱にしていましたが、森の木を切らずに、家の外壁につくった棚に陶器のつぼを並べてミツバチの巣にしています。これも、森をまもる知恵なのです。

オクタビオは「ミツバチは森の中を飛び回り、コーヒーをはじめ多種類の花からみつを集めます。そして、ミツバチが受粉をしてくれるので、森にさらなる実りをもたらします。養蜂にも、人とミツバチ、そして森の樹木とのつながりを見ることができるでしょう？」と話してくれました。

森があることで営まれるコーヒー栽培や養蜂といったものが、人びとの暮らしと子どもたちの笑顔を支えているのです。

◆支え合う暮らしと時代の変化

地域の歴史や人びとの考え方をシモンが教えてくれました。

「むかし、僕たちのおじいさんおばあさんは、自分たちが食べるものはほとんど自分たちでつくる暮らしだったんだって。自分でつくれないものは、畑や森で育てたものを市場に持っていき、必要なものと交換していたんだよ」

この地域では30年ほど前まで、生活の基本は物々交換でした。その当時、

chapter 2 ≫≫ 貧困とたたかう子どもたち

世界中からエコツアーで
この森を訪れる人びとが
宿泊するエコハウス

〝貯蓄〟と言えば、畑でつくったトウモロコシや豆を蓄えること、鶏や豚などの家畜を育て増やすことでした。これらの備えがあれば、必要なとき、必要なものと交換できたのです。

しかし、村の暮らしの中で、家族が病気になって、入院が必要になったり、急にまとまったお金が必要となっても、農業とお互いの支え合いで生きる人たちに、その準備はできませんでした。現金を得ようにも、農作物に思うような高い値段は付きません。そのため、大地主などから、不当に金利の高いお金を借りて、返済ができずに土地を奪われる人もいました。

生まれた村での生活はきびしく、こうした現実を前に、首都のメキシコシティ、さらにはアメリカへ不法入国して仕事を探しに行く人が増えました。メキシコシティで見つかる日雇いの建築現場では、安い賃金で長時間、重労働を強いられるものも多く、家族が離れ離れに暮らすこともあります。

「村を出て都会に暮らす家族には、すべてをお金で買う生活が待ち受けています。家賃を払い、食料や水を買います。森で果物を育て、畑で野菜を収穫する喜びとはほど遠い暮らしなのです。収穫した食べ物を、お隣りの人と分かち合うこともできないのです」と寂しそうにオクタビオは言います。

◆「みんなのお金」というしくみ

森林農法ともうひとつ、シエラノルテの人びとの豊かな暮らしを支えるしくみがあります。それは '98年に設立された銀行「トセパントミン」です。

「トセパントミン」は、ナワット語で「みんなのお金」という意味。銀行のお金は「トセパントミン」のメンバーが持ち寄り、預けたものです。'98年から2010年の12年間で「トセパントミン」の貯蓄額は設立当初の70倍にもなりました。

この銀行が集めたお金を貸す条件は、お互いを信頼する5人の村の仲間と

みんなのお金という意味の銀行
「トセパントミン」

グループをつくることです。この5人の「信用」に対して、養鶏、養蜂、家屋の改修などに使うお金を貸し付けています。

村の中で共に暮らす仲間との信頼関係があってこそ借りられるお金なので、住民たちは無理して大きな金額を借りることはしません。後で返せる必要な金額を、みなで話し合って決めるのです。同時に、ひとりが返済に困ったら、他の4人が協力して支払うことを約束しています。

「トセパントミンはどんな銀行？」という問いかけに、シモンは次のように話してくれました。

「親戚の家は鶏の数を増やして、小さな養鶏場を始めたよ。僕の家族は、少しずつ養蜂のためのつぼを増やすことができたよ。そしてコーヒーの苗と果物の苗を買って、森に植えたんだ。みんなで協力して植えたときはすごくうれしかったよ。数年後には、たくさんのおいしい実をつけてくれるはず。それが今から楽しみなんだ」

トセパントミンが設立されたことで、村人たちは落ち着いた生活ができるようになりました。みなが持ち寄ったお金が、少しずつ、暮らしや地域のために活用されるしくみができたのです。

◆子どもたちへの「投資」

「トセパン」協同組合は、未来をつくる子どもたちへの「投資」として、モンテッソーリ教育（123ページ参照）を採り入れた幼稚園も運営しています。こういった運営資金にもみんなのお金が使われています。

その幼稚園で子どもたちは、ペットボトルで貯金箱をつくり、毎日1ペソ（約10円）を親からもらって貯金し、学校の棚に保管しています。貯まったお金で欲しいものを買うという夢が実現することを学んでいるのです。

子どもたちは、村を訪れた私たちに貯めたお金をどう使いたいかを話して

アグロフォレストリー（森林農法）の森

くれました。

先生になる夢を持つディアナは、「お金を貯めて、新学期のノートを買おうかな。でも時どき、お菓子とか、かわいい服も買いたくなるし……。お金を貯めるのは楽しいけど、いつも迷うな〜」

ミゲルは、お父さんと森の中でコーヒーを育てるのが夢です。

「森にもっとたくさんのコーヒーと果物の木を植えるんだ。あとは、お姉さんの誕生日にプレゼントを買って……。それと、次の母の日には、お母さんに新しいエプロンをあげたいんだ」

幼稚園に通う子どもからは、無邪気な答えが返ってきます。そこで、先生が説明してくれました。

「大切なのは、お金を貯める習慣を身に付けること。そして、その使い道を自ら考えること。さらに、お金を貯めることで、願いがかなうことを体験してもらいたいのです」

この幼稚園に通う子どもたちの親の世代には、貯金の習慣がありませんでした。現金収入があれば浪費をしてしまい、将来のために貯えるという考えはなかったそうです。

先生は、「トセパントミン」が行なう子どもたちの支援についても教えてくれました。「トセパントミンは現在、約300名に奨学金を提供しています。この地域は貧しい家庭が多く、勉強を続けることができない子どもも多いのです。高校までの進学率も低いなか、高校に進学した生徒の5人にひとりだけが大学に進みます。大半の仲間は、経済的な理由で、進学をあきらめています」

「トセパントミンの新しいプロジェクトは、『大学進学預金』。小学校入学してから高校を卒業するまでの12年間、毎月100ペソ（約1000円）を積み立てると、大学で学ぶ間、無条件で奨学金を受けられるようになります。ど

トセパン協同組合にて、
小学生たちと先生

ちらの奨学金も、預金額と成績によって額が決まるので、子どもたちは目標に向かって努力をすることができるのですよ。大学3年間の学費をまかなえる奨学金を得ることもできます」

このように、お金をみんなで持ち寄ったり、蓄えることで、子どもたちの将来に明るい兆しが見えてくるのです。

◆豊かな生活とは

「トセパン」協同組合では、「生活の質」という考え方を大切にしています。それは、より多くのお金や車、コンピューター、土地といった「量」を大切とする考え方とはちがいます。生活の質とは、健康や地球にやさしい農業を営むこと、教育を受けられること、生まれ育った土地で家族が寄り添って生活することなどを意味します。聞けば、ほとんどの組合メンバーが、今の「生活の質」に満足と幸せを感じているといいます。

オクタビオは片手を開いてみせました。

「その質問に答えるために、いつも5本の指の話をしているよ。親指1本では、軽いものしか持てない。人さし指を添えると、もう少し重たいものが持てる。そして、中指、薬指、小指と添えていくと、さらにもっと重たいものが持てるようになるよね。僕らの暮らしも同じなんだ。お互いに支えあって、ひとりでは不可能なことを、皆の力で可能にしていくんだ」

「トセパン協同組合」では、暮らしを支える森を守ること、みんなで出し合ったお金を生活の質や地域のため、将来を担う子どもたちのために使うこと、そして、力を合わせて問題を解決していくことを選びました。それが子どもたちの明るい未来や笑顔につながっているのです。

（中村隆市／取材協力：ウインドファーム井上智晴、後藤彰）

chapter 2 >>> 貧困とたたかう子どもたち

More Information

◎「トセパン」協同組合

「団結」を意味するトセパン協同組合がスタートしたのは 1977 年。食料や生活必需品が不足していたことと、コーヒー販売において高い仲介料をとる仲介業者に対抗し、自分たちの暮らしをまもりつづけていこうと始めた組合運動が最初でした。

現在、組合が生産し、販売している作物は、有機コーヒー、オールスパイス（香辛料）、マカダミアナッツ、シナモン、ハチミツなどがあります。これらは、森林農法によって育まれる豊かな森の恵みです。また、女性の自立を目指した活動、環境教育の推進などにも力を入れています。

●ホームページ http://www.tosepan.com/

◎株式会社ウインドファーム

有機栽培＆森林農法のおいしいコーヒーをフェアトレードし、自社焙煎してお届けしています。

ウインドファームでは、すべての産地で生産にかかる原価を保証し、生産者が安心して暮らせる買取価格を決めています。また、生産者を日本に招待して交流したり有機栽培やフェアトレードを広める活動もしています。こうした取り組みを通して、美味しいコーヒーが味わえ、人びとの豊かな暮らしや自然が守られます。みんながハッピーになり、それを分かち合うのがウインドファームが目指すことです。

●ホームページ http://www.windfarm.co.jp/

◎あなたができること

1) **ウインドファームやナマケモノ倶楽部（156 ページ参照）が企画＆主催する「トセパンツアー」に参加する。**

2) **森林農法のコーヒーを飲んだり、勧めたりすることで、森をまもり、森をつくる。**

　※日本でオーガニックコーヒーの普及率はわずか 1%。森林農法の割合はさらに低くなります。

3) **カフェスローに行ってみる。**
『スローなカフェのつくりかた』（161 ページ参照）に出ている全国のスローカフェで、トセパンや世界各地のオーガニックコーヒーを飲んでみよう。

10 ブラジル
貧困と格差を乗り越えて築いていく未来

◆岩山の路地で見る将来の夢

　日が落ちて、黒々とそびえ立つ岩山に窓のあかりがともりはじめました。山の斜面にはびっしりと家が立ち並び、狭い路地は迷路のように入り組んでいます。てっぺんにある小さなグラウンドで友だちとサッカーをしていたカイオが、路地の坂を息せき切ってかけ下りて来ました。ふもと近くのカイオの家でも、母のクレイジがつくるベーコン入りの煮豆が、なべの中でおいしそうに湯気を立てています。

　「数学の成績が上がったんだって？　今日、先生から連絡があったよ。前はあんなに苦手だったのに、すごいな」

　待ちかまえていた父のイズマエルにほめられて、カイオが照れくさそうに笑いました。夕食がすめば、今夜も遅くまで机に向かうつもりです。高校入試まであと半年。目指すのは州立の工業専門高校です。カイオには、ブラジル沿岸で近年続々と発見されている海底油田にかかわる技術者になりたいという夢があります。

　「今日は停電がなければいいけど」とカイオがつぶやきました。でも本当は、停電くらい平気です。「機関銃の音と比べたら、ぜーんぜん、なんでもないからね」。おどけて見せながらも、ほっとする気持ちは隠せません。この岩山ではカイオが生まれるずっと前から、しばしば銃撃戦が起きてきました。ここに拠点を置く武装麻薬組織のせいで、敵対する組織同士や警察との間に、まるで戦争のような撃ち合いが絶えませんでした。そのおそろしい音が鳴り響かなくなって、もう１年になります。

◆ファベーラがひしめく街

　カイオは、リオデジャネイロ市内にあるサンタマルタという名前のファベー

> 子どもたちにかっこいいと言われる
> 大人になりたい。
> カイオ（15歳）

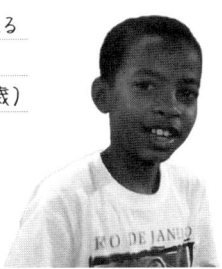

ラで暮らしています。

ファベーラとは、スラムを意味するブラジル独特の言葉です。住むところのない貧しい人びとが、使われていない土地に勝手に家を建てて住み着いて、ひとつの集落のようになった場所をいいます。山の斜面や川べり、湿地、浅瀬の海、線路わき、道路の高架下など、ブラジル全国の都市部のさまざまな場所にファベーラは広がっています。

ブラジル第2の都市リオデジャネイロには900カ所以上のファベーラがあります。そこで暮らす人の数は、市の人口約620万人のうちの20％にものぼります。サンタマルタには60年ほど前から人が住みはじめ、現在の住民数はおよそ7000人。昔はベニヤの小屋ばかりだったそうですが、今はレンガ色のブロックでできた家が大半になりました。

カイオの母のクレイジも、サンタマルタで生まれ育ったひとりです。クレイジの両親は結婚してすぐ、1956年に農村部から出て来てここに住みました。父のイズマエルは'79年、15歳のときに、市内の別のファベーラからここに移り住みました。イズマエルの両親も、もともとは農村部の出身です。

ブラジルでは'50年代頃から工業化と都市化が進みはじめ、大都市の工事現場や工場などで大量の労働力が必要になりました。これまで自給自足的な生活が成り立っていた奥地の農村でも、貨幣経済が進むとともに、お金がなくて暮らしていけない人が増えるようになりました。また農業の大規模化が進み、零細農家は立ち行かなくなってしまいました。そうして農村部から大都市へと、仕事を求めて移り住む人びとの大きな流れが起きました。

人が生きるには住む場所が必要です。しかしブラジルでは、低賃金で働く労働者とその家族のための宿舎や公営住宅がほとんど用意されませんでした。やむにやまれず空き地に小屋を建てて人が住むようになり、こうしてファベーラが急速に増えていきました。

煙の上がる一帯がサンタマルタのファベーラ。急な斜面にへばりつくように小さな小屋がひしめきあって建っている。ふもとから海岸まではマンションが立ち並ぶ高級住宅地

◆世界でも有数の格差社会に生きる

　サンタマルタのふもとから先は、白い砂が輝くビーチまでずっと、高級マンションが立ち並ぶ富裕層の住宅地です。「どうしてこんなにちがうんだろう」。カイオには、この生活の差がどうしても理解できません。

　ブラジルは世界でも有数の格差の大きな国です。国連の2009年の発表によれば、上位10%の富裕層と下位10%の貧困層の平均所得を比べた貧富差は40.6倍にも達します（日本は4.5倍）。'09年の国の調査では、労働者の半数は、法律が定める最低賃金（'09年は465レアル。1レアルは約50円）かそれ以下の所得しかありませんでした。'10年から最低賃金は510レアルに引き上げられたものの、ある民間の研究所は、最低限の人間らしい生活を維持するには、最低賃金は今の4倍の額が必要だと分析しています。

　ファベーラでは、日雇いの仕事を探したり、路上で物売りの仕事をしたり、工事現場や工場で働いたり、富裕層の家で洗濯や掃除などの家事をするメイドの仕事をしたりして、誰もが懸命に働いています。一方、長らく失業中という人も少なくはありません。

　カイオが勉強するのをそっと見守りながら、父のイズマエルが「うちには私立校に入れる余裕がないから」と声を落としました。イズマエルは働きながらコンピュータ技術を学び、いくつかのNGOで貧困地域にインターネットを引くなどの社会的プロジェクトを担当してきました。収入は生活するだけで精一杯の額です。

　ブラジルでは国公立の学校は大学にいたるまで授業料が無料です。けれど、カイオの志望校のような学力レベルの高い高校や大学に合格できるのは富裕層の家庭の出身者ばかりです。日本の小中学校にあたる8年間の基礎教育の学校は、公立校では教室も教師の数も不足していて、授業が1日に3回入れ

大人たちに交じってパゴジ（サンバの一種）の演奏に加わるカイオ（12歳）。サンバはリオデジャネイロのファベーラの暮らしの中から生まれた音楽だ

替え制というところもめずらしくありません。富裕層の家庭では、授業の質も内容も充実した私立校に子どもを通わせるのが一般的で、学費は月に1人500レアル以上にもなります。

イズマエルは16歳で働きはじめ、カイオの志望校の夜間部で学びました。サンタマルタの同世代の友人の中には、学ぶ意欲を失って基礎教育の途中で退学した人も多いそうです。麻薬組織に加わったあげく、殺されてしまった人もいます。組織の人間は機関銃などの武器を持ち、いい金を稼いでいい服を着て歩く、ファベーラの男の子たちにとってはあこがれの存在です。

「いや、ぼくは一度もかっこいいと思ったことはなかった。どんなに金はあっても、むなしい生き方だと感じていたよ。敵から逃げ、警察から逃げ、不安な心を金や権力でまぎらわせているだけじゃないか、とね」

そう振り返りながらイズマエルは、「カイオには、そんな道を歩んでほしくない」と力を込めました。

◆祖父から親、そして孫へと受け継ぐもの

「昔は水道もなくてね。わき水のあるところまで女の人が毎朝水をくみに行って、その行列がずらーっと長く続いていたものだよ」

おととしに亡くなった母方の祖父のゼ・ジニスが、カイオによく昔のようすを聞かせていました。サンタマルタに水道が通ったのは、'80年代に入ってからです。電気はふもとの電柱から、それぞれ勝手に電線を引き込んで使っていました。正規に電気が引かれたのは、つい2年前のことです。

祖父は、サンタマルタの小さなサンバ・チームの創設者として住民たちから尊敬を集めていた人です。数多くの曲も残しました。「カーニバルは、ただ踊って騒ぐだけじゃない。主張するんだ。『おい、市長さんよ。水道を引いとくれ！』なんて歌詞を付けた曲を大声で歌いながら、街をねり歩いたもんだ」

サンタマルタのてっぺん近くで遊ぶ子どもたちに出会った。ふもとからここまでは急な坂の階段を登って30分。息が切れてしまう

と愉快そうに語っていたものです。

祖父は工場労働者として地道に働きつづけ、クレイジたち三男三女を育てあげました。クレイジの兄たちは20代の頃に住民グループを立ち上げて、コミュニティ新聞を発行したり、市と交渉して水道を引く工事を実現したり、ファベーラの子どもたちのために学童保育の教室を開いたりと、さまざまな活動を行なってきました。仕事を持ち、学業も続けながら、休日にボランティアで取り組んできた活動です。

クレイジとイズマエルは10代後半の頃、活動に参加して知り合いました。カイオの年上のいとこたちも、今ではおじやおばたちの片腕になって活躍しています。カイオも受験が終われば活動に加わるつもりです。「ファベーラの子どもたちが『こんな大人になりたい、かっこいい』と思えるような大人にいつかなりたい。お父さんみたいに」と心の奥で誓っています。

カイオの記憶の中には、忘れられない父の姿があります。家族で出かけたときのことです。帰り道に突然の雷雨にあって、イズマエルが1台のタクシーを止めました。行き先を告げたとたん、運転手が「降りてくれ！」と叫びました。「あんなギャングだらけのところなんか、誰が行けるか！」と。

「悪い人間なんて、ほんのひと握りの例外だ。みんな、あなたたちと同じ、家族思いのまじめな労働者ばかりだ。偏見は捨ててほしい」

びしょぬれになりながら父が、かたくなに乗車を拒否する運転手に必死に訴えつづけていた姿を、カイオはけっして忘れません。

◆誰もが自分の人生を生きられる社会を願って

'03年にブラジルでは政権が交替して、労働者党のルーラ大統領が就任し、貧困対策に熱心な政府が誕生しました。それ以来、大きな国家予算を投入して、全国のファベーラでさまざまなプロジェクトが実施されています。

chapter 2 >>>> 貧困とたたかう子どもたち

サンタマルタの中は迷路のように路地が入り組んでいる。今はセメントで舗装されて階段が作られているが、以前は土と岩がむき出しだった

新しい改良住宅がいくつも建っていた。がけ崩れのおそれのある家を取り壊して地盤工事を行なった上に集合住宅を建てて住み替えてもらうという計画

　サンタマルタでも、集合住宅を建設してそこに住み替えるという計画が、ここ数年でずいぶん進みました。また'09年からは、特別に訓練した警察隊をファベーラに次々に投入して、リオデジャネイロ中の麻薬組織を逮捕し壊滅させるという作戦も始まりました。サンタマルタはその作戦の第1号の実施地に選ばれ、住民が長年苦しめられてきた「戦争」はあっけなく終わりを告げました。これまで何人もの住民が、銃撃戦にまきこまれて傷つき命を落としてきたのです。麻薬組織から敵視されて、逃げるようにどこかへ越していった人も数知れません。
　「政府が本気を出しさえすれば、じつは簡単だったんだね」と、イズマエルが、あきれたような悲しいような表情で言いました。何十年もの長い間、社会からなかば忘れられ、おそろしい場所だと嫌われてきたファベーラの住民にしかわからない複雑な気持ちです。
　イズマエルは、政府によるファベーラ改良計画を評価しつつも、その過程に住民の意見参加のしくみがまったくないことには批判的です。ファベーラの住民が自立していくためには、上からただ恩恵を与えられるのではなく、住民たちの自己選択と自己決定の意識を力づけていくのがとても大切だと考えるからです。「誰もが人間らしく生きる権利がある」。そんなあたり前のことが尊重されるような公正な社会を願いつづけています。
　イズマエルは、カイオにもこう願ってやみません。
　「学ぶのは学歴が大事だからとか、そういうことじゃないんだ。自分の人生で何をしたいのかを、そしてそれを実現できる力を見つけ出してほしい。それこそが、僕たちが息子にのこしてやれる唯一の遺産だからね」
　夜もふけて、まだカイオの部屋からはあかりがもれてきます。世代を超えて受け継がれていく希望への願いが、まるで未来に光をともすようにも見えるのでした。（下郷さとみ）

More Information

◎音楽の力でファベーラを変革

　　リオデジャネイロ郊外の海に近い湿地にできたファベーラ、ヴィガリオ・ジェラウ。ここでも、住民たちによる力強い活動が行なわれています。アフロヘギ文化グループ（GCAR）というNGOが取り組む、音楽やダンスなどの表現活動を通した子どもたちのための教育活動です。

　　ヴィガリオ・ジェラウでも武装麻薬組織の問題は深刻です。人生の目的を見つけられないまま道を踏みはずしてしまう子どもを少しでも減らしたいと、1994年に活動が始まりました。

　　初期の頃に音楽教室に通っていた少年たちは大人になって、2001年にはアフロヘギ・バンドとしてプロデビューをはたしました。毎年のように海外公演もこなす彼らにあこがれて、たくさんの子どもたちが音楽バンドやパーカッショングループ、ダンスなどの教室に通っています。

　　けれど、GCARヴィガリオ・ジェラウ拠点リーダーのヴィトールは、「僕たちの活動の目的はミュージシャンの養成ではない」と言います。「目的は、音楽をツールに子どもたちの意識変革をはかることなんだ。自信を持って自分を表現することを学んでほしい」。

　　アフロヘギ・バンドでリードボーカルをつとめるアンデルソン・サーも、こう語ります。彼は10代なかばの頃、こづかい銭ほしさに麻薬組織の使い走りをした苦い経験があります。
「ミュージシャンである前に、ひとりの社会活動家でありたい。ファベーラの子どもたちに、失敗は取りもどせる、こんな生き方もあるぞと、胸を張って手本を示したいんだ」（下郷さとみ）

◎あなたができること

1）日本国憲法と世界人権宣言を読む

　　日本国憲法の基本的人権の保障について書かれた部分や世界人権宣言を読み、私たち誰もが持つ権利について考えを深めるとともに、その権利が尊重されるためにはどうすればいいかを考えてみましょう。

2）現地を訪れて交流する

　　ピースボートでは地球一周の船旅で、アフロヘギ文化グループの活動を訪ねてファベーラの子どもたちと交流したり、アフロヘギ・バンドのライブを見たりするツアーを行なっています。
　　詳しくは　●ピースボートセンターとうきょう　03-3363-7561

◎もっと知りたい人のために

　　ファベーラについて詳しく書いています。
　　●下郷さとみブログ　http://hyakuishou.exblog.jp/

Column2　軍事費を減らして、貧困のない世界をつくろう

2000年、ニューヨークの国連本部に世界189カ国のリーダーが集まり、大切な約束を交わしました。「2015年までに世界の貧困をなくし、持続可能な世界をつくろう」と決めた「国連ミレニアム開発目標（MDGs）」です。

ゴール1　貧困と飢えをなくそう
ゴール2　初等教育をうけられるようにしよう 
ゴール3　ジェンダーの平等を進めよう 
ゴール4　子どもの死亡率をへらそう 
ゴール5　妊娠・出産にかんする健康を改善しよう 
ゴール6　感染症などの病気が広まるのを防ごう 
ゴール7　環境の持続可能性を確保しよう 
ゴール8　世界の一員として、先進国も責任をはたそう 

Ⓒ 特活：ほっとけない世界のまずしさ

「国連ミレニアム開発目標（MDGs）」の達成期限まで残すところあと5年ですが、約束を交わして10年間で、こんな進歩がありました。

> 極度な貧困状態に暮らす人口は
> 　　9億2000万人になりました（1990年当時の半数）
> 5歳未満で死亡する乳幼児の数は
> 　　1日あたり10,000人減少しました（1990年と比較）
> 学校に行ける子どもの数は
> 　　3300万人増えました（2000年と比較）

ところが、じつは2015年までに世界の貧困をなくすことが本当にできるのか、いまだに危うい状況です。先進国が貢献を約束した分野で十分に動かなかったこと、世界的な食糧危機、経済・金融危機が影響したこと、気候変動が予想以上に加速していること、武力紛争も終わらないことなどが原因です。じつは今も、以下のような状況があります。

> 世界では、3秒にひとり　子どもが亡くなっています
> 　1分半にひとり　お母さんが妊娠・出産で命を落としています
> 　過去10年間で200万人以上の子どもが紛争で亡くなっています
> 　今も30万人以上の子どもたちが子ども兵士として戦場にいます

一体どうすれば、「ミレニアム開発目標」を達成し、世界の貧困をなくして持続可能な未来をつくることができるのでしょうか？　それはじつは、そんなに難しいことではありません。「ミレニアム開発目標」を達成するのに必要な金額を、イギリスに拠点を持つ国際NGOオックスファム・インターナショナルが試算しています。それは、「1510億ドルあれば、極度の貧困はなくすことができる」というものです。

　金額を把握するためのご参考に、

> 2005年に世界があめ玉の消費にかけた金額は1310億ドルです
> 2008年に米国で肥満関連疾病の治療に費やされた金額は
> 　1470億ドルです
> ウォール街が1年間に稼ぎ出す収入（2006年に3456億ドル）の
> 　半分未満です

　2009年に世界を揺るがした金融危機と経済不況は、先進国が新興国支援や気候変動の対策にあてる金額を大きく削ることとなりました。ところが、軍事費、武器製造、武器運輸の分野には、ほとんど影響がありませんでした。2009年の世界の軍事費、1兆5310億ドル（前年比5.9％増、2000年度比49％増）のわずか10分の1の金額があれば、世界の貧困をなくすことができるのにもかかわらず、です。

　世界の軍事費の1年分がどのくらいの金額か、把握するためのご参考に、

> 世界の軍事費1年分＝「ミレニアム開発目標」を達成するのに必要な
> 　支援の増加金額、24年
> 世界の軍事費1年分＝国連の通常予算700年分
> 世界の軍事費1年分＝新設された「UNウーマン」の予算2928年分

　世界が軍事への資金供給を減らし、代わりに気候変動や貧困解決への資金を捻出することを強く願います。（小野寺愛）

参考：ストックホルム国際平和研究所（2010年）、オックスファム・インターナショナル（2010年）、Reaching Critical Will（2010年）

第3章
自然環境と
子どもたち

11 ベラルーシ
コウノトリよ、はばたけ！
──チェルノブイリの子どもたち

◆**チェルノブイリ原発事故が起こった**

　1986年4月26日未明、旧ソビエト連邦ウクライナ共和国（現在のウクライナ）のチェルノブイリ原子力発電所4号炉で爆発事故が発生しました。事故によって大気中に撒き散らされた放射性物質は風に乗って世界各地に広がり、約8000km離れた日本でも母乳や野菜などから検出されました。

　ウクライナと、隣国のベラルーシ共和国では、広範囲の土地が放射能＊で汚染され、高濃度に汚染された原発周辺の村から人びとが強制的に移住させられました（＊放射能とは本来は「放射性物質が放射線を出す能力」のことを示します。そして現在では放射能をもうひとつの意味、放射線を出す物質あるいは放射能を持つ物質の意味にも使っています。）

　家々は取り壊され土に埋められ、460近くの町や村が地図から消えてなくなりました。

　事故から数年後、汚染地域に住んでいた子どもたちから甲状腺がんが発見されました。子どもの甲状腺がんはまれな病気ですが、ベラルーシのゴメリ州では、'91年には世界平均の100倍を超える発生率を記録しました。

　事故当時は衝撃的なニュースとして大きく報道されましたが、24年経た現在はほとんど報道されることもなくなっています。チェルノブイリ事故は過去のできごとであると認識している人も多いのではないかと思います。しかし実際には、この原発事故は今なお多くの被害者を生み出しつづけているのです。

◆**事故から24年後の子どもたちの病気**

　放射能汚染のために強制移住が指定された地域の外側には、事故以降も多くの人が暮らしつづけています。道を隔てて住んでよいところといけないと

> 惑星を発見して"ベラルーシ"と名づけます。
> ワーニャ・ナザーロフ（14歳）

ころを区分しても、大気や水の流れを分断することはできません。放射能は土地を汚染して作物に取り込まれ、それを食べた人びとの体に蓄積します。たとえ汚染地域から遠く離れた場所に住んでいても、汚染された牧草を食べた牛の乳を飲み続ければ放射能は体に蓄積します。

　小児甲状腺がんのピークは過ぎたと言われる一方で、ベラルーシの子どもたちには、脳の腫瘍、目の腫瘍、肝臓・腎臓の腫瘍、白血病など、各種のがんの発症が続いています。「昔は小さい子どもの病気はこんなに多くありませんでした。今、チェルノブイリ事故当時子どもだった女性たちが出産をする年齢になっています。残念ですが、彼女たち自身にも、赤ちゃんにも、なんらかの健康の問題があります。病院は子どもの患者でいっぱいで病室が足りません。いつまでこんなことが続くのかと思うと恐ろしくなります」と、ゴメリ市にある小児病院の看護師は証言しました。

◆姉妹の3人とも脳腫瘍

　ベラルーシのレチツァ市に暮らすサーシャ・ラルチェンコ（6歳）は、4歳のときに脳腫瘍と診断されました。そのとき家族は医師から、腫瘍は脳の重要な部位にあるため手術ができないと説明を受けました。

　サーシャは国から「チェルノブイリ原発事故による障がい児」と認定され、障がい児年金（ひと月あたり約1万8000円）を受けています。毎週1回、がんの化学療法を受けるために病院へ通っています。いつも母親が付き添っているため、2人分の交通費の出費も楽ではありません。

　サーシャの6歳年上の姉オーリャは2002年、脳腫瘍のために亡くなってしまいました。また、8歳年上の姉ナターシャの脳にも異常が見つかり、定期検査を受けています。

　さらに、母親は心臓病と甲状腺の病気を発症しています。「娘たちの健康が

化学療法の影響で、髪の毛が
抜けてしまったサーシャ

心配で、自分のことにかまっている暇などありません」と言います。父親は金属工場の労働者ですが、仕事がないため自宅待機を命じられていて、その間の給料が支払われていません。

　化学療法を受けているサーシャには免疫力を高めるために、ビタミンが豊富な果物や栄養価の高い食べ物が必要ですが、家族の収入ではその購入もままなりません。

　原発事故当時子どもだったサーシャの両親は被曝していますが、事故後16年も経ってから生まれたサーシャとその姉たちが脳腫瘍を発症したのはなぜでしょうか。

　原因のひとつとして、食べ物を通して放射能を体に取り込んでいることが考えられます。原発事故のときに大気中に出てしまった放射能は、年月を経ても土や水の中に残りつづけ、あるものは何万年もの間、その強さを維持しつづけます。

　また、先天性障がいの子どもも増えていると言われています。ベラルーシの医師は次のように言っています。「放射線被曝は、汚染地域に現われている先天性障がい増加の原因のひとつであろう。ほかにも、ビタミン不足や栄養バランス、化学物質による環境汚染、さらには精神的ストレスにともなう変調など、多くの要因が複合して先天性障がいの増加をもたらしているのであろう。チェルノブイリ事故にともなう遺伝的影響をきちんと評価するには、そうした要因を考慮しながら、長期にわたる疫学的調査が必要である」（出典：G・ラジュークほか、原子力情報室通信253、1995年）

◆学校に行くことが夢です

　サーシャは、4歳のときから検査や治療のためにたびたび入院しなければなりませんでした。満足に幼稚園にも通うことができませんでしたが、入院

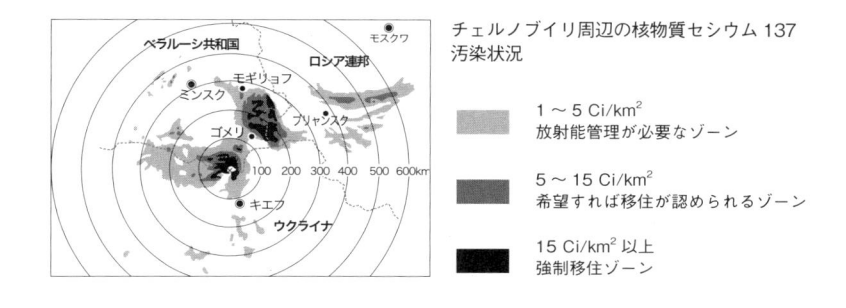

チェルノブイリ周辺の核物質セシウム137汚染状況

1〜5 Ci/km²
放射能管理が必要なゾーン

5〜15 Ci/km²
希望すれば移住が認められるゾーン

15 Ci/km² 以上
強制移住ゾーン

中は、本を読んだり音楽を聴いたりしながら過ごし、同じ年齢の子どもたちより早く文字を覚え、本が読めるようになりました。いくつかの詩も暗唱していて、大人たちを驚かせました。音楽も大好きで、家にいるときには、近所の音楽の先生にピアノを習っています。

化学療法を受けると、吐き気がしたり、食欲がなくなり、髪の毛も抜けてしまいます。抵抗力が落ちて、他の病気にかかりやすくなってしまうため、体調管理には十分気をつけなければなりません。そんなふうに体がつらくても、サーシャが耐えているのは、小学校に入学してたくさんの友だちをつくるという夢を持っているからです。

◆家族みんなが病気に

ゴメリ市で生まれたワーニャ・ナザーロフ（14歳）は、母親と祖母の3人で暮らしています。父親はワーニャが3歳のときに肺炎で亡くなりました。ワーニャが生まれる2年前に生まれた赤ちゃんは、生後2カ月で心臓の病気のために亡くなりました。

そして、ワーニャもまた、10歳のときに脈管炎（血管の病気）と診断され、その後、甲状腺、すい臓、胃にも問題があると診断されました。最近では、足の骨に痛みが走ることがあると言います。
「みんなチェルノブイリのせいです。10代の男の子がこんなにたくさん病気を持っているなんて、以前ならこんなことは聞いたことがありませんでした」と、ワーニャの母親は嘆きます。

祖母は、3年前の脳卒中の後遺症による麻痺のために寝たきりになってしまいました。ワーニャの母親は学校の先生でしたが、自分の息子と母親の看病のために先生を続けることができなくなりました。介護年金だけでの暮らしは、食費にさえ困ることもあります。

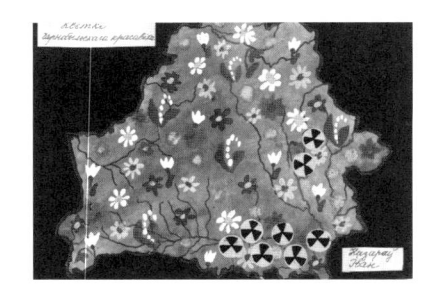

ワーニャの作品「チェルノブイリの花」。ベラルーシの地図上に咲く、放射能マークの花が印象的

「私も体調がよくありません。もし自分の身に何かあったらと思うと、息子をひきとってくれるような親類がひとりもいないので、不安でなりません。こんなことをお願いできるのかどうかわかりませんが、どうかあの子のことを見捨てないでください……」と涙を浮かべました。

ワーニャの住むアパートの部屋は、小さな台所と祖母の寝室があり、母親とワーニャの寝室は共同です。窓際の勉強机だけがワーニャの空間で、壁には天体地図が貼ってあります。ワーニャは天文学者になる夢を持っているのです。

◆ワーニャの夢は天文学者

ワーニャは語ります。

「人にはみんな、ふるさとがあります。ふるさとは、自分が生まれた村や町だったり、住んでいる家や通りだったり、通っている学校だったり。それから、お父さん、お母さん、おばあさん、おじいさん、きょうだい、友だちだったりします。大きな意味でのふるさとと言えば、自分の国、ベラルーシのことです。僕はこの国が大好きです。

これまで、病気の仲間といっしょにドイツとデンマークに保養に連れて行ってもらったことがあります。そこでは面白いものや美しいものをたくさん見ました。北海やヴェーゼル川の近くで保養をしました。海の上に見える星は大きくてきらきらと輝き、なんてきれいなんだろうと思いました。でもなぜかぼくにはそれが冷たくて、つくりものみたいに思えました。

ぼくはお母さんといっしょに見つめた夜空を思い出しました。そのとき見た星は、あたたかくて、かわいらしくて親しみを感じました。

ぼくはふるさとがとても恋しくなりました。お母さんやおばあさん、学校の友だちや、猫のアンフィーサに会える日を指折り数えました。

chapter 3 >>>　　自然環境と子どもたち

チェルノブイリの原子力発電所

　僕にとって自分のふるさとベラルーシほど素晴らしくて愛するところはないのです。ここで僕は生まれ、暮らしています。ここで自国語の読み書きを習い、それを大切なものだと感じています。お母さんは、僕に楽しくてためになるベラルーシの昔話を教えてくれました。学校ではベラルーシの歴史を学びました。おばあさんはよく僕に戦争の話をしてくれます。どれほど多くの人びとが犠牲になったことか。戦争の後、人びとが国を再建したことを、僕は誇りに思います。
　しかし、僕のふるさとは悲劇に見舞われました。24年前の春、黒いコウノトリが不幸を運んできました。チェルノブイリの黒い灰です。土地も水も空気も放射能に汚染されました。そのために人びとや動物や植物が病気になりました。
　みんながまた新鮮な空気を吸い込むことができるよう、コウノトリがふたたび白くはばたいてくれることを強く願っています。子どもたちが病気になりませんように。そしてふるさとの自然がまもられますように。
　それから僕にはさらに夢があります。大きくなったら必ず天文学者になります。小さな惑星を発見したら、"ベラルーシ"と名づけます」

◆同じ悲劇を繰り返さないために

　チェルノブイリ原発事故が起きて24年経った今も多くの子どもたちがさまざまな病気を発症しています。いったん発病すると家族には大きな経済的、精神的な負担がかかります。以前は放射能汚染による障がい児と認定されると、医薬品、交通費、公共料金などについて国からの補助がありましたが、それらの補助は年々削られています。一方で、以前は放射能汚染地域としていたところを、「もう安全だから住んでもよい、農地として使ってもよい」とされたところもあります。まるでチェルノブイリの被害は終わったかのよう

姉ナターシャとサーシャ

に……。

　それでも、家族の愛情に包まれていれば、子どもは救われますが、なかには経済的・精神的な重圧に耐え切れず、父親がアルコールにおぼれてしまい、家族を捨ててしまうというケースもあります。チェルノブイリ原発事故は健康被害を引き起こしただけでなく、家庭をも崩壊させているのです。

　しかし、そんななかでも、希望を失わず前向きに生きていこうとする子どもたちの姿に、私はいつも心を打たれ、自分の方が励まされているように感じます。

　サーシャやワーニャの身に起こったことは、原発のある日本で暮らす私たちにとってもけっして他人事ではありません。どこの国の子どもたちも、もう二度とこのようなつらい思いをしないですむように、危険と隣り合わせの原発に頼らない世界にしていく必要があると思います。（佐々木真理）

More Information

◎「チェルノブイリ子ども基金」の活動

　1991 年、フォトジャーナリスト広河隆一さんが、取材中に出会った病気の子どもを持つ母親たちの訴えを聞き、募金活動を始めたのをきっかけに設立されました。これまで医療機器、医薬品、ミルク、教材、放射線測定器などを贈っています。

　1996 年からは毎年、ベラルーシとウクライナのサナトリウムでの保養に病気の子どもたちを招待しています。また、汚染地域の子どもたちが転地療養に訪れるサナトリウム「希望 21」（ベラルーシ）に運営費などの支援を続けています。そのほか、病気の子どもを抱える貧困家庭を、日本人の家族が経済的な支援をする「里親制度」も行なっています。

　チェルノブイリ事故に関する写真展、絵画展、講演会を開いたり、カレンダーや絵葉書などを製作販売して、救援のための募金を集めています。

●連絡先
〒 162-0816 東京都新宿区白銀町 25 メゾンド原 207 号室
TEL/FAX 03-5228-2680
E メール cherno1986@tokyo.email.ne.jp
●ホームページ http://www.smn.co.jp/cherno/

◎あなたができること

1）チェルノブイリの子どもたちのことを知ろう
・ニュースレターやホームページでチェルノブイリの子どもたちの様子を紹介しています。

2）チェルノブイリについてのイベントや写真展に行く

3）文化祭などで自分たちの調べたことを発表したり、写真展・絵画展を開いてみる

　チェルノブイリ子ども基金では資料などの貸し出しもしています。
●絵画展・写真展開催のお問い合わせ先はこちらへ。
　広河隆一　非核・平和写真展開催を支援する会
　ホームページ　http://www.za.ztv.ne.jp/syashinten/

4）募金をする（募金口座や販売品をホームページで紹介しています）
・募金はいくらからでも受け付けています。
・ポストカード（6 枚セットで 500 円）や民芸品を販売しています。

5）ボランティアをする
・ニュースレターの発送やイベントのお手伝いをしてくださる方を募集しています。

12 ツバル
海面上昇によって脅かされる豊かな暮らし

◆**珊瑚礁でできた島、ツバルの暮らし**

　「フィア　イヌゥー」(のどが渇いた!)アピネル家の一日は末娘スリタのこの叫び声と共に始まります。高床式の壁のない風通しのよい板の間の部屋に、布団もひかずに家族全員が仲よく雑魚寝(ざこね)をしているので、この叫び声で全員が起こされてしまいます。長男のサカリヤは、泣きじゃくるスリタを抱きかかえて、昨晩わかしておいた雨水を飲ませます。トイレからもどったスリタがもう一度眠りにつくと、アピネル家にようやく静かな朝が訪れます。

　ヤシの葉が風に揺られてサラサラと乾いた音を立てています。鶏の親子の声がコッココッコ、ピヨピヨピヨと聞こえてきます。目の前のラグーン(内海)が朝日を受けて美しく輝く、ツバルの平和な一日の始まりです。

　ツバルは、9つの珊瑚礁の島からなる島国です。およそ2000年ほど前にサモアから移り住んだポリネシアの海の民の子孫、約1万人が9つの島に分散して暮らしています。首都があるフナフチ島だけに飛行場があり、隣国のフィジーから週に2便だけしか飛行機が来ない、とても不便な島国です。ツバルに生きる人びとの大半は、今も自給自足の生活を育んでいます。

◆**人口増加、そして消えゆく自給自足の暮らし**

　アピネル家は首都があるフナフチ環礁フォンガファレ島のラグーンに面して建てられています。父のアピネルはこの島の出身、母のタビリは60kmほど離れたバイツプ島の出身です。長男のサカリヤの下に次男フィチ、長女リセ、そしてスリタの6人家族が助け合って楽しく暮らしています。

　お父さんは、町役場の天然資源局の局長をしています。フナフチ環礁には魚介類が豊富ですが、乱獲や環境破壊が進まないように監視したり教育する仕事をしています。そして、日本人によって開設されたツバル・オーバービュー(98

> 私こ の家が好き。
> 沈むなんて言っちゃいやだ。
> リセ（7歳）

ページ参照）というボランティア団体のメンバーとしても活躍しています。子どもたちもお父さんといっしょにツバル・オーバービューが推進しているマングローブ植林を手伝うこともあります。

　もともと自給自足を軸に生活してきたツバルには産業がないので、工場やオフィスといった働き先は多くありません。そのうえ、この10年で首都のフナフチへの人口集中が激しくなり、今では4500人もの人が住むまでになったため、この島での自給自足は難しくなってきています。最近では、海外から輸入したお米・小麦粉、冷凍の鶏肉、魚の缶詰などを買って食事をつくる家庭が増えています。輸入品を買うためのお金は、国外に出て、貨物船に乗って働いたり、農園やクリーニング工場などで働いて稼ぐ「出稼ぎ」が主流です。

　サカリヤの両親はこの島で働いていますが、アピネル家の暮らしは楽ではありません。フナフチの高い輸入食材に頼る生活からは子どもたちの教育費もなかなか捻出できません。サカリヤは自分が船乗りになって、少しでも稼げるようになれば、年下のきょうだいたちの教育費がまかなえると考えています。それが、両親への一番の親孝行だとも思っています。

　今年18歳になるサカリヤがフナフチの小学校に通っていた当時、この島の人口は今の半分以下の2000人足らず、ヤシ林の中に家々が点在するツバルらしい風景が広がっていました。

　当時、道路は未舗装で、走る車も数台。街灯もありませんでした。島の暮らしぶりは今よりももっとのんびりしていたし、放課後、友だちと釣りをしたり、カヌーにのって遊んだり、そんなことをしているだけで本当に楽しい毎日でした。たまにある島のお祭りも最高です。人びとが集まり、たくさんの食事を準備をして、食べて、歌って、踊ります。祭りで島中がひとつになる瞬間は、サカリヤが今でも大好きな瞬間です。

　そんな少年時代を経て、サカリヤはバイツプ環礁の全寮制の中学校に入学

アピネル家に打ち寄せた
キングタイドのときの大波

しました。4年後に中学校を卒業してフナフチにもどったときの町の変わりようは今でも忘れられません。人が増え、舗装された道路は、今まで見たこともない数の車とバイクが行き交っていました。ここはツバルじゃないな、とサカリヤが思ったほどでした。中学校があるバイツプ島のような離島の暮らしが懐かしく、できれば、離島の自給自足の暮らしがこのまま変わらなければいいなと思っています。

◆海面上昇で、島が沈む？

しかし、今、ツバル、とくに首都のフナフチ環礁の生活は変わらざるをえない外からの問題に直面しています。問題はさまざまですが、誰もが頭を抱えているのが地球温暖化による海面上昇という大問題です。

大気の中に地球を温かくするガスが年々増えていて、地球が温暖化しているという衛星放送の番組を先日も家族で見たばかりです。番組の中では、IPCC（気候変動に関する政府間パネル）という科学者たちが発行しているレポートの中から「ここ100年で地球全体の平均海面は17cmも上昇している」という数字も紹介されていました。

弟のフィチは「どうして、地球が温かくなると海面が高くなるの？」とサカリヤに聞きました。サカリヤは学校での授業を思い出しながら弟に話しました。

「フィチ、いいかい。空気も水も暖めると少し膨らむ。病院で使う水銀が入った体温計も、体温で暖められて水銀が膨らむから目盛りが上がっていくんだよ。海も同じことなんだ。暖められて膨らみ続けているんだよ。それを陸から見ると、海の高さが高くなっているということになる」

フィチは目をまん丸にしながら、「このままふくらみ続けると海はどこまで高くなるの？」と聞きました。

chapter 3 　　自然環境と子どもたち

すくすく育っているマングローブ

「それは今のところ誰にもわからないよ。でも、この家は海辺に建っているし、今でも足下まで海水が来ることがある。もしかしたら本当に、そのうち沈んじゃうかもね」。サカリヤは冗談交じりに言ったつもりでしたが、脇で聞いていた妹のリセが大声で泣きはじめてしまいました。

「私この家が好き、沈むなんて言っちゃいやだ〜」

泣き止まないリセを父親のアピネルがやさしく抱き寄せて、「大丈夫大丈夫、そんなことになったら父ちゃんが泳いで安全なところまで連れて行ってあげるからね」とあやします。

「でも、安全なところって？」サカリヤはそう聞こうと思ったのですが、聞くのを止めました。泣き止んだ妹がまた泣き出しそうだったのです。

◆「国中の島が全部削られてなくなるんじゃないか？」

おじさんのトンガフィチがよく昔の話を聞かせてくれます。50年ぐらい前、島の地下水がしょっぱくなったことから始まる話です。地下水がしょっぱくなり、生活に使う水が取れなくなったので、屋根に鉄板をのせて雨どいを付けて雨水を集めるようになったのだそうです。

しばらくすると、大切なタロ芋畑に異変が見られるようになってきました。主食のタロ芋が思うように育たなくなったのは、1970年代頃からのことです。地下水に海水が入り込んだので、芋も育たなくなったのだろうとおじさんは言います。

そして、'90年代後半になると、キングタイドという、ビックリするような高潮に見舞われることが増えました。それは12月〜4月の大潮の時期に起こる現象で、満潮時には、海の脇にあるサカリヤたちの家の足下まで大波が打ち寄せてきて、ガラガラと音を立てて、波打ち際の瓦礫を流し去って行きます。また、キングタイドのときは、島の至る所から海水がにじみ出てき

フナフチ環礁フォンガファレ島は、約4500人が住む首都の島

ます。その海水は大切にしているタロイモ畑の中にも流れ込みます。

　おじさんはツバル人の誇りにかけて芋を育ててきたと自慢します。でも最近、そんなおじさんでさえ芋づくりはあきらめました。その代わりに、お米を買ったり、缶詰を買ったり、いろいろお金がかかる生活になったので、困ったことだと嘆いています。

　'80年代から目立ちはじめたキングタイドの洪水は、当初は数年に1回程度でした。ところが、2006年頃から新月の満潮のときには必ず島のどこかに水が湧くと言ってもよいほどその回数が増えてきているし、水かさも年々高くなっているように感じます。

　父のアピネルがよく見回りに行くフナフチ環礁内の保護区の中にも被害が拡大しているところがあります。ここ10年で20mも海岸が浸食されて大規模に土地を失っている島がいくつもあります。

　このような海面上昇の被害は首都の島だけではなく、ヌクラエラエ島やヌクフェタウ島などの離島でも深刻さを増していることを、サカリヤは中学校からもどってくるときの貨客船の中で聞きました。このままだと遠い将来、国中の島が全部削られてなくなるんじゃないか？とサカリヤは心配しています。

◆「世界中の人たちが安全な避難場所を持っているとよいな」

　地球が温かくなる原因は、先進国や工業国の人たちの暮らしにあるとテレビで言っていました。サカリヤは外国に行ったことがないので、その暮らしぶりは衛星テレビの映画とニュースでしか知りません。

　しかし、夜、星も見えないほどの明るい街や、道を埋めつくさんばかりの車の列、海沿いに並ぶ工場の煙突から出る煙、一瞬にしてものすごい数のテレビが造られていく工場のようすなどを見ていると、あれだけ大量に物をつ

chapter 3 　　自然環境と子どもたち

お祭りの席でご飯をほおばるサカリヤ

くって動かすにはいったいどのくらいのエネルギーが必要なのだろう、そして、あれだけのエネルギーを使うのだから、きっと地球を温かくするガスもたくさん出ているだろうとも考えてしまいます。
　車が列を成している先進国の映像を見て、サカリヤはふと考えました。「ガソリンって、魚と同じように、採りすぎるとなくなるんだろうか？」
　石油がなくなると島の電力もなくなるし、連絡船も、週に２回来る飛行機も動かない。貨物船も来ないから、お米も缶詰も買えない。あれっ、そうなったら、僕たち家族も、死んじゃうかもしれない！
　「ダディー、石油がなくなったら僕たち死ぬの？」サカリヤの突然の質問にアピネルは驚きながら、こう答えました。
　「いや大丈夫だよ、お母さんの島のバイツプに行けば、石油がなくても暮らせる豊かな自然が残ってるからね」
　そうか！　バイツプにもどれば、今の楽しい暮らしを続けることができるんだ。少し安心したサカリヤは、世界中の人びとが同じように安全な避難場所を持っているといいなと思いながら、豚に餌をやる時間になったので、家を出ました。
　夕焼けの頃、家の前に広がるラグーンは赤く照らされた空を反射して映し鏡のように美しく輝いています。できればいつまでもこの場所でこの夕日を見つづけていたいな、サカリヤはそう思いながら豚小屋の方に急いで歩いて行くのでした。可愛い豚たちがお腹をすかせてサカリヤが来ることを今か今かと待ちわびているのです。フィチとリセとスリタを一輪車に乗せて豚小屋に向かうこのときが、サカリヤが一日の中でも一番好きな時間です。こんな平和な日々がずっと続きますように、と思うのです。（遠藤秀一）

More Information

◎アピネルさんの仕事

　　サカリヤのお父さんのアピネルは、町役場の天然資源局の局長をしています。首都があるフナフチ環礁には魚介類に代表される天然の資源が豊富にありますが、乱獲や環境破壊が進まないように監視したり教育したりする仕事をしています。

　　同時に日本人によって開設されたツバル・オーバービューというボランティア団体のメンバーとしても活躍しています。サカリヤやフィチはアピネルと一緒にツバル オーバービューが推進しているマングローブ植林を手伝うこともあります。

◎ツバル・オーバービュー

　　新聞やテレビへの情報提供、日本各地の公共施設や学校での講演会、写真展の開催などを通してツバルやそこで起きている地球温暖化の問題を広く世界に知らせる活動を続けながら、現地では島を守るための活動を行なっています。

　●ホームページ http://tuvalu-overview.tv

◎あなたができること

1）ペットボトルや缶ジュースのような、工場でつくられた物で、買ってすぐゴミになる物は買わないようにしましょう。

　　工場でつくられる物は、つくっているときも、運んでいるときも、売っているときも、地球温暖化の原因になる二酸化炭素を排出しています。

2）ツバル・オーバービューに講演会を依頼してみましょう。

　　きれいな写真や、迫力ある動画を見ながら、ツバルの自然や暮らしぶり、すでに起こってしまっている被害を勉強することができます。もしかしたら、サカリヤやリセの動画も見ることができるかもしれません。

Column3　①子どもたちの「ふるさと」を奪うのは誰？

　忘れられない絵があります。廃屋となった家の前で、放射能を計測するマスク姿の作業員。チェルノブイリ原発の事故で被災した9歳の少女が描いたその絵は、『わたしのふるさと』と名づけられていました（下の写真）。

　事故当時ソ連では、科学技術の粋を集めたこの原発で「事故など絶対に起きない」と言われていました。少女の変わり果てたふるさとが描かれたこの絵は、まるでそうした過信に、警鐘を鳴らしているかのようです。

　そして今、地球温暖化が原因と言われる海面上昇のために、ツバルなど太平洋の島々で、多くの子どもたちのふるさとが消えようとしています。放射能や温暖化は、自然災害とは異なり、技術の進歩の代償として生み出された、人為的なものです。しかもどれだけ技術が進歩しても、奪われた子どもたちのふるさとを取りもどすことはできません。それは、科学技術そのものを見直して、環境と共生できる方向へとシフトしていかなければ、人類はもたないのだということを示しているはずです。

　ところが最近、日本や欧米ではそうした考えに逆行するような「温暖化対策のために原発をつくりましょう」という声が高まっています。深刻な環境破壊を引き起こす放射能汚染の問題から目をそらし、「発電時に二酸化炭素を出さない」ことだけが注目されているからです*。こうした流れがつくられてしまった原因は、原子力産業や財界の利権などが優先され、環境とは無関係な理由で原子力政策が進められているためです。

　そうした「安易な回答」は同じ過ちを繰り返すことになるのではないでしょうか。子どもたちのふるさとを奪ってきたのは、科学技術への過信に加えて、過去の失敗に学ばず、未来の世代につけを回すこうした姿勢が原因なのかもしれません。だからこそ、なぜ子どもたちのふるさとが奪われてきたのかを、立ち止まって考えるべきです。チェルノブイリでは、460以上の町や村が地図上から消えました。

　つぎの世代の子どもたちに、こんな悲しい絵を描かせないために、私たちにできることはなんでしょうか？　（高橋真樹）

＊原発の燃料となるウランは、鉱山から掘り出され、加工される行程で、大量の二酸化炭素を放出し、環境に多大な負荷をかけています。ほかにも、労働者のヒバク、使用済み核燃料の問題など、さまざま課題が残る原発をこれ以上増やすことは、経済にも環境にもマイナスしか生みません。

ガリーナ・プロツェンコの描いた絵
© チェルノブイリ子ども基金

Column3　②自然エネルギー革命！

　私たちの住む国日本では、自然エネルギーの普及率がわずか2％、しかも、96％のエネルギーを輸入に頼っています。「地球温暖化を止めることはできない」という声も聞こえますが、本当にそうでしょうか？

　今、世界では、小規模分散型の自然エネルギーによる「エネルギー革命」が起きはじめています。21世紀に入って急成長している自然エネルギー分野は、今、世界で毎年60％の成長中です。このままいけば、10年後には100兆円市場になると言われています（現在自動車産業は200兆円市場）。

- スペイン政府は2006年に建築基準法を改正し、建物の新築・改築時に温水需要の一定割合を太陽熱により供給することを義務化しました。➡補助金も手伝って、2008年、スペインは太陽光発電の導入量世界一になりました。
- 中国には現在、2700万台の太陽熱温水器が屋上に設置されています。➡中国でこの装置が生み出すエネルギーは石炭火力発電所49基の発電量に匹敵します。
- インドやブラジルでも、これに続く動きが加速しています。欧州は、2020年までに屋上集熱器の集熱面積を5億平方メートルにする予定です。➡つまり、すべてのヨーロッパ人1人あたり1㎡という野心的な目標です。
- じつは地球には、日々、人間が必要とするエネルギーの1万倍以上の太陽光が降り注いでいます。➡しかし、このクリーンで膨大なエネルギーを十分に活用しきれていないのもまた事実です。

　自然エネルギーが実質的に広がることは、単に「CO_2の排出が減るからエコ」という次元の話ではありません。資源をめぐる紛争、貧困、人権侵害、環境破壊……。つまり、今ある人間の問題ほとんどの根源に、現在の、石油や原子力などに頼った中央集権型のエネルギーの構造と社会システムがあります。エネルギーの「奪い合い」をやめて、小規模分散型の自然エネルギーによる「分かち合い」ができる社会をつくる過程で、今は紛争や貧困、飢餓のせいで抑圧されている10億人以上の人びとが希望に満ちた明日を描くことができるようになるのです。

　地球環境問題は、人間の文明が発達したがゆえに起こったのではなく、文明がいまだ未熟がゆえに起こっている問題なのかもしれません。それを乗り越える方法は、まだたくさんありそうです。（小野寺愛）

参考：　環境エネルギー政策研究所（2010年）、アースポリシー研究所（2010年）

第4章
差別に挑む子どもたち

13　フィリピン
お父さんに会いたい
──ジャパニーズ・フィリピーノ・チルドレン

◆ジャパニーズ・フィリピーノ・チルドレンとは？

「やっぱりお父さんはいないのかな」

10歳のヨウジは、チャイムを鳴らしても開かないアパートのドアをじっと見つめて、さみしそうにつぶやきました。ヨウジは日本人のお父さんと、フィリピン人のお母さんの間の子どもです。ヨウジが幼い頃に両親は離婚して、お母さんとフィリピンにもどりました。彼は、お父さんの顔を覚えていません。でも写真の中のお父さんは、いつもやさしく微笑んでいました。ヨウジは、お父さんに抱きしめてもらったり、家族みんなで暮らす夢をよく見ていました。でも現実はきびしいものでした。10歳になったヨウジは、フィリピンからはるばるやってきたのですが、どうやら不在のようです。ヨウジは仕方なく、付き添いのNGOスタッフに手伝ってもらって、自分が来たことを知らせる手紙を残し、その場を去りました。

ヨウジのように、日本人の父親とフィリピン人の母親の間にできた子どもは、「ジャパニーズ・フィリピーノ・チルドレン（以下JFC）」と呼ばれています。母親の多くは、1980年代以降に盛り場で歌やダンスをするエンターテイナーとして、日本に出稼ぎに来た女性たちです。JFCは約10万人いると言われ、なかには幸せな家庭もあります。しかし、子どもが生まれてから、両親の関係が終わってしまったり、突然男性からの連絡が途絶えてしまう、といったケースも多いのです。こうした子どもは、支援をしているNGOによれば少なくとも2万人から3万人はいるとのことです。

これは単に男女のトラブルという問題を越えて、フィリピンと日本との経済格差や国籍の壁といった背景がからんでいるため、フィリピンでは大きな社会問題になっています。そして子どもたちは、父親がいない寂しさを味わうだけではなく、「日本人の父親に捨てられた子」という差別の対象にもなり

chapter 4 　　差別に挑む子どもたち

> お父さんに会ったら、
> ぎゅっと抱きしめて欲しいんだ。
> 　　　ヨウジ（10歳）

ます。父親からの認知がないため日本の国籍も取れません。そして無責任な父親の養育放棄のために、ほとんどの家庭が貧困で苦しんでいるのです（2008年末には国籍法が改正されたため、出生後に日本人の親に認知されていれば、父母が結婚をしていない場合でも届け出によって、その子どもが日本の国籍を取得できるようになりました）。

◆ JFCを支援するNGO

'96年に設立されたNGOのDAWN（女性の自立のためのネットワーク）は、そうした母親やJFCの子どもをサポートするため、日本とフィリピンの両国で、母親たちが自立するための職業訓練や、日本での父親探しの手伝いなどをしています。また'98年からは毎年、JFCでつくる劇団「あけぼの」の日本での公演を開催しています。演劇の内容は、子どもや母親が置かれた状況をテーマにします。子どもたちは自分たちの心の葛藤を演じることを通して、お父さんがいないという現実を受け止めようとするのです。ヨウジはその「あけぼの」の公演の合間に、お父さんに会えるかもしれないという情報が入ったので、公演を抜けて訪ねてきていました。DAWNの創設者であるカルメリータ・ヌキ（通称メル）さんは、日本に来るときのお母さん代わりとして、子どもたちをあたたかく見守ってきました。メルさんは、ヨウジに起こったような場面を何度も目にしてきました。

「劇団で来日する子の父親の多くとは、日本に来る前から連絡を取っています。子どもには、会えることが確実になってから伝えるのですが、それでも会えないときが多いんです。父親には、後ろめたさとか今の家庭を壊したくないとか、複雑な気持ちがあって心変わりしやすいからです。つらいのは、子どもにそのことを伝えるときですね。子どもは、口では大丈夫と言っていても、目の前で他の子が父親と会っていると、よけいに寂しくなりますから」

劇団「あけぼの」の公演。
自分たちが置かれた状況を演じる

　DAWN の日本支部（DAWN-JAPAN）でコーディネーターを務めている小ヶ谷千穂さんは、学生時代にフィリピンに留学したことがきっかけで、この活動に関わりました。彼女もまた、たくさんの子どもを見つめてきました。
　小ヶ谷さんがボランティアを始めた頃の話です。ある姉妹は劇団「あけぼの」の公演で日本に行ったとき、お父さんと会えてとても楽しく過ごしました。そのあと妹の誕生日に、お父さんがフィリピンまで来ることになり、フィリピンにいた小ヶ谷さんは空港まで迎えに行く予定でいました。ところが約束の日の直前に、お父さんと連絡が取れなくなってしまいました。姉妹はすごく楽しみにしていたのでショックを受け、それ以来 DAWN に来なくなってしまいました。活動を始めたばかりだった小ヶ谷さんも、すごく落ち込んだと言います。
「子どもたちは、父親に認めてもらえない苦しさを抱えています。だから子どもにとって父親に会って認められることは、大切なステップなんです。でも、『一度会えれば解決』とはならないのがこの問題の難しさで、子どもと会うこと以上に、その関係を持続していくことはとてもたいへんなんです」
　そうしたなかで、ツヨシのケースはうまくいった例になりました。ツヨシは'92 年に日本で生まれました。しかし 3 歳のときに両親は離婚、お母さんとともにフィリピンに帰ります。その後お父さんは日本で他のフィリピン女性と再婚して、連絡が取れなくなってしまいました。'99 年、6 歳のときに DAWN を紹介され、ツヨシは「あけぼの」のメンバーとして来日します。DAWN が連絡を取ったお父さんは、快くツヨシと会ってくれました。お父さんも、ツヨシのことがずっと気になっていたのです。高校 2 年生のときに、ツヨシはこう語っています。
「6 歳のときの僕は体が小さかったので、お父さんはちゃんと食べているか心配して、経済的な援助を約束してくれました。また、お父さんは日本に住

chapter 4 　　差別に挑む子どもたち

初めてお父さんに会ったツヨシ

みたければ歓迎するよとも言ってくれましたが、お母さんをひとりにすることはできないので断りました。2002年に来日したときには、将来のことについても話しました。お父さんとはその後も連絡をとっています。お父さんが僕のことを誇りに思ってくれるように、がんばって勉強したいです」

　ツヨシが高校を卒業するとき、お父さんはフィリピンまで来て卒業式に参列しました。そして大学生になった今も、毎月仕送りを続けています。お父さんは熱心に勉強するツヨシを誇りに思っているのです。現在ツヨシはお父さんの故郷である日本へ留学をしたいと思っていて、日本語も学んでいます。

◆お父さんに抱きしめて欲しい

　'08年の春、12歳になったヨウジは「あけぼの」のメンバーに選ばれました。日本に来るのはこれで3回目です。これまで2回とも会えなかったので、今回はあまり期待していませんでした。それでも他の子が会っていたので寂しくなり、お父さんと電話で話すふりをして、メルさんと空想の会話を楽しんでいました。「もしもし。僕ヨウジですけど、お父さんですか？」

　このときメルさんは、ヨウジのお父さんから息子と会いたいと連絡を受けていました。でも、突然ダメになることもあるので、本人には伝えていませんでした。数日後にやっとお父さんと会えたヨウジは、こう語っています。「今回もダメだとあきらめていたから、お父さんが会いに来てくれて本当にビックリしたよ。埼玉で公演をしていたときに、客席にお父さんが来ているよって聞かされたんだ。舞台から見て自分のお父さんだとわかったよ。だっていつも写真で見ていたからね。うれしくて泣いちゃったよ。でも劇団のお姉ちゃんから、お父さんに会うんだから泣いちゃダメって言われた。お父さんははじめ抱きしめてくれなかったから、ちょっとショックだった。僕はお父さんを他の子たちに紹介して、そのあと2人でご飯を食べた。僕はいっしょ

ツヨシの高校の卒業式にお父さんも参列

に暮らそうよと言ったけど、今はもう日本に家族がいるからダメなんだって。僕の夢は家族みんなで暮らすことだったけど、それは難しいみたいだね。お父さんは、僕が勉強をしたければ、私立学校に行く手助けをするよって言ってくれた。お別れするとき、お父さんがキスをしてくれたのはすごくうれしかったよ。また日本でお父さんに会いたいな。そしてそのときはぎゅっとハグしてほしいんだ」

　DAWNの事務所には、こうして育っていった子どもの何人かが、年下の子どもたちのためにボランティアをしています。中でもツヨシは積極的に関わっているひとりです。小ヶ谷さんは、こうしたことが、JFCの子どもたちを支援してきた成果だと思っています。

「この問題の『解決』とは何かって考えるんです。お父さんと会えたり、経済的支援を得られたりというのはもちろんあった方がいいんですけど、それで解決かと言えばそうではない。そしてそのような個別のケースが解決できないと活動の意味がないのかというと、それもちがうと思うんです。JFCの問題は、共通しているのはお父さんが日本人でお母さんがフィリピン人っていうだけ。あとは個別に事情がちがうので、横のつながりができにくいんです。でもDAWNのようなところでは、お母さん同士、子ども同士が集える場所ができるんですね。そして子どもたちもDAWNに関わって成長していきます。そういうことが大切なんだと思っています」

　かつて「日比混血児」と呼ばれたJFCの子どもたち。今DAWNが扱っているケースだけでも、赤ちゃんから30代までたくさんのJFCがいます。一方で、この問題は日本社会からは忘れ去られた印象さえあります。だからこそ、この子たちのことをもっときちんと知ってもらうこと、そして彼らと日本の人とはさまざまな意味でつながっているのだということを、伝えていくことが大切になっています。（高橋真樹）

More Information

◎ DAWN／DAWN-JAPAN；
Development Action for Women Network
(女性の自立のためのネットワーク)

　　DAWNは1996年に移住労働者を支えるNGOとして始まりました。日本人の父親から見捨てられたJFCの子どもたち、困難を抱えながらも日本で働きつづけるフィリピン女性など、年々増え続けている彼／彼女たちをとりまく問題に取り組んでいます。またフィリピン移住労働者の権利や福利のために声を上げています。

　　DAWN-JAPANは、DAWNを日本で支援するために集まった有志により発足しました。東京を基盤に、活動を人びとに伝える一方で、DAWNとの支援者・団体との連絡窓口としての役割も担っています。

●連絡先
DAWN-Japan　Eメール dawnjapan@hotmail.com
　　　　　　　ホームページ http://www.dawnjapan.dawnphil.org/
DAWN（Manila, Philippines）
　　　　　　　Eメール dawnphil@i-next.net
　　　　　　　ホームページ http://www.dawnphil.org

◎シクハイの商品について

　　「シクハイ」とは、DAWNの職業訓練の中で女性たちがつくる製品です。フィリピンや日本のフェアトレード店などで販売され、DAWNの収入源にもなっています。シクハイ（SIKHAY）とは「苦しさに負けずがんばろう」というタガログ語（フィリピンの公用語）です。

◎あなたができること

1）劇団「あけぼの」の公演を見に行く
　　DAWN-Japanウェブサイトで公演日程をチェックしてください。

2）シクハイの商品を購入する
　　DAWNのウェブサイトで商品をチェックして希望する商品を注文することができます。

3）DAWNやDAWN-JAPANでボランティアをする
　　DAWN、もしくはDAWN-Japanにメールで連絡をし、ボランティアの希望を伝えてください。

14 コソボ
みんな同じ人間
――共存をめざすコソボの子どもたち

◆**分断されてしまった若者たち**

　110ページの地図にもあるように、コソボという地域はバルカン半島にあり、以前はユーゴスラビア連邦の一部でした。コソボはセルビア共和国に属する自治州でアルバニア人の多く暮らす地域だったのですが、当時のミロシェビッチ政権によって縮小されてしまった自治権を求めるアルバニア系住民と、それを認めないセルビア共和国の間で本格的な紛争が起こったのが1998年から99年。コソボに住むほかの民族も含めて、多くの人が殺し合い、奪い合い、傷つけ合いにまきこまれてしまいました。'99年に主にアメリカと西ヨーロッパ諸国からなるNATO（北大西洋条約機構）軍による空爆などがあり停戦となりました。武力によってこの紛争を止めたのですが、多くの犠牲者が出ました。停戦後、大きな武力衝突は終わり、武器の回収も進みました。他国から物資の援助等たくさんきましたが、民族対立の問題そのものは現在に至るまで解決していません。

　2008年に、コソボは共和国として独立宣言をしますが、セルビアは認めていません。現在、アルバニア系住民は、コソボは自分たちの「国」だと主張していますが、セルビア系住民は、コソボはセルビア共和国に属する「自治州」だと主張しています。紛争前には同じ地域で仲よく暮らしていた民族同士ですが、紛争があってからは、たとえ地理的には近い距離に住んでいたとしても、お互いを遠ざけ、お互いから遠ざかり、ほとんど接することのない生活になってしまいました。

　そうした分断を現しているひとつの例が、言葉に関することです。紛争前は学校でセルビア人もアルバニア人もお互いの言葉を学びあっていたのに、現在は学びません。以前はお互いの言葉がわかり会話ができていたのに、この10年、言葉の教育を受けていない若者たちのほとんどは、近隣に暮らし

chapter 4 >>> 差別に挑む子どもたち

> 送るのはここまで。
> 橋は渡れないからね。
> 民族で分断された街に暮らすアレキサンダール（16歳）

ていながら、お互いの言葉がまったくわからないのです。

　現在コソボには約180万人の人が暮らしています。三重県や熊本県の人口と同じくらいです。そのうちアルバニア人は88％くらい。セルビア人は7％くらい。そのほかの民族も暮らしています。アルバニア人は主にイスラム教徒で、セルビア人はセルビア正教徒（キリスト教のひとつの教派）です。

　そのような分断された状況では他民族に対する情報は噂が大半を占め、その「情報」もよいものではないことが多いです。実際に、'03年にはミトロビッツ／コソフスカ・ミトロビッツァ（アルバニア語／セルビア語で呼び名が違います）という町で暴動が起きたことがあります。それは、アルバニア人の子どもが川で溺れたことがきっかけで、アルバニア人コミュニティの中で、「セルビア人が犬をけしかけ、アルバニア人の子どもを溺れさせ殺した」という事実ではない噂が広まり、それが暴動となってしまったのです。紛争後はこの'03年の暴動以後他の暴動は起きていませんが、'08年のコソボ独立宣言以来、民族関係の緊張・断絶はより深まっています。

　私たちNGO・国際市民ネットワーク（ICNJ）は、将来、このような暴動を起こさないためにも、また民族の交流をうながすためにも、他民族に会ったことのない若い世代を対象とした合宿を企画・実施しました。

　合宿は'09年夏、のべ4カ月半の間にマケドニア（アルバニア人もセルビア人も同等に入国しやすい国です）にて、計9回実施しました。参加者は合計約180人で、そのうちアルバニア人とセルビア人は約半数ずつで、その他に同じコソボに暮らすロマやボスニアックの参加者もいました。

　この合宿は民族融和促進の目的で行ないましたが、'09年以前には職業訓練などを行なっていました。その時に、他民族と出会う機会をつくってほしい、そのためには第三国から来た人びとの力が必要だという希望が、現地の人びとからの声としてありました。そこで、日本のNGOである私たちが取り組む

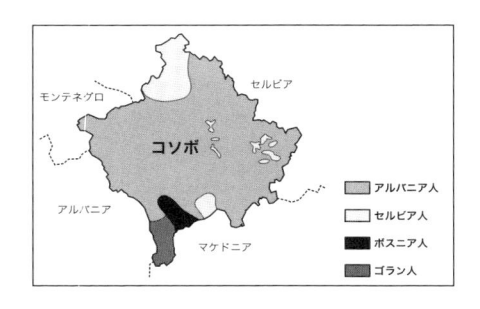

コソボの民族分布図

OSCE-UNHCR Kosovo Humanitarian Information Center: UNMIK 9th assessment of the situation of ethnic minorities in Kosovo(2002) を基に作成

ことにしたのです。'09年に実地したこの合宿では、参加費は無料。毎回ターゲット地域の協力者から参加者候補を集めてもらい、私たちが面接をして参加者を決定しました。面接の段階で参加者の多くは、相手のことをよりよく知りたいという興味を持ち、共に何かできる可能性がほんとうにあるのか確かめてみたいという思いを持っているようでした。

合宿では1週間いっしょに過ごしながら、お互いの言葉を教えあったり、音楽やダンスで自分たちを表現したりしました。なかでも一番大事だったパートは、近くに暮らす他民族の住民と共に、自分たちのコミュニティのために何がいっしょにできるかを、参加者自身が考えていくことでした。

私は合宿で、日本の言葉や文化の紹介、ダンスや英語の授業を受け持つなど、民族同士がお互いの民族を意識しすぎないでいっしょに時間を過ごせるようなプログラムを担当しました。また、生活全般のサポートや自由時間のコミュニケーションをよりスムーズにするように、おしゃべりしたり、いっしょに遊びに行ったりしました。

コソボに住む多くの若い世代は、会ったことのない、会話したこともない民族に、不信感や恐怖を抱きながら毎日を暮らしています。この合宿では、直接、顔と顔をあわせ、共に生活をし、議論し、楽しい時間も過ごすことで、言葉を通じて、または言葉を通さなくても、他民族とコミュニケーションできるんだ、ということを実体験として感じてほしいと思いました。そして、自分たちの暮らす地域を自分たちの力でよくしていく、その方法のひとつを学んでほしかったのです。

◆「自由に行き来するために、何でもしたい」

その合宿に参加してくれたジュレはアルバニア人の18歳の女の子。この年齢では珍しいことですが、セルビア語が話せます。明るく笑いの絶えない、

chapter 4 差別に挑む子どもたち

ミュージックワークショップでの
カホンドラムとダンスのセッション。
ジュレはダンスに参加

踊りの大好きなジュレ。セルビア語もアルバニア語も両方話せるので、参加者全員とよく話をして、困ったようすの子がいると率先して助けてくれました。彼女がどうしてそんなに一生懸命なのか、聞いてみたことがあります。

コソボでジュレが住む家はセルビア人住民が多く住む地域の中にあるアルバニア人の住む狭い区域（飛び地といいます）にあります。学校はアルバニア人の行く学校に通うのですが、その通学時や、その他の生活の中でもセルビア人の住む地域を通ります。どの時間に、どこをどうやって、誰と行くのか、いつでも気をつけなければいけませんし、自由ではありません。

はじめに紹介したとおり、ジュレはコソボの88％を占めているアルバニア系住民ですが、セルビア系住民が多く住む地区で、アルバニア人が遊んでいたりすることが知られると、すぐに人びとに知れわたり、狭い地域でうわさとなり、その場所に住みづらくなってしまうというようなことや、現在は少なくなりましたが、襲われたりする危険性もあるからです。

18歳ですから、遊びに行きたい夜もあるのですが、夜間にセルビア系住民が住む地区を歩くのは危険なことで、家を出ることができません。そのため、家にいる時間が長く、家の中ではいつも踊っていると言います。でもほんとうは外に自由に出たいのです。「アルバニア人地区もセルビア人地区も関係なく自由に行き来したい。そのためにできることはなんでもしたい」とジュレは話してくれました。

◆川を挟んだ街

セルビア人の男の子、アレキサンダールは16歳。コソボの中でも紛争のシンボルともなった、今でも緊張の高いミトロビッツ/コソフスカ・ミトロビッツァという街に住んでいます。

この街は、川を挟んで南側に主にアルバニア系住民が、北側にはセルビア

合宿中のグループディスカッションでは、活発な意見が交わされた

語を話す人たちがそれぞれ住んでいます。この川はイバル川と呼ばれ、100mもない橋が架かっているのですが、セルビア人にとっても、アルバニア人にとっても、橋の「向こう側」に行くことは容易ではありません。このイバル川自体だって歩いて渡れるほど浅いし、川岸に行けば、対岸にいる人たちと会話だってできるほどの距離なのに。私はこの合宿プロジェクトのオフィスがあるこの街の南側に滞在していましたが、外国人だったため、行き来の不自由はありませんでした。

　アレキサンダールも合宿に参加したひとりです。彼はこの街でマッサージ師になるための学校に通っています。「マッサージをすると人が幸せになって、そうすると自分も幸せになるんだ。だからこの仕事をしたいんだ」というやさしい男の子です。合宿中のはじめは遠めに見ていたアルバニア人ともしだいに距離を縮め、とくに言葉は積極的に学んでいました。合宿を通して知り合った私とアレキサンダールは、合宿後のある日、彼の友だちといっしょに町の北側で会いました。彼らが南側に来ていっしょにカフェに入るなんてできないのです。話す言葉もちがいますし、言葉を話さずとも装いなどから地元の人にはすぐにセルビア人とわかってしまい、目立ってしまいます。小さな町ですから、一度目立ってしまうと、覚えられてしまいます。一部のアルバニア系住民から嫌がらせを受けたり、セルビア人からも裏切り者として扱われてしまう可能性があるのです。

　彼は自分たちの通う学校や紛争で亡くなった人の記念碑など、北の地域をいろいろ案内してくれました。

　半日、共に過ごした後、イバル川の橋までもどったとき「送るのはここまで、橋は渡れないからね」と言われ、お別れの前にいっしょに川岸まで降りて座りました。南側のアルバニア人の若い子たちもこちらが気になるようです。アレキサンダールも私たちの合宿に参加していたので、少しだけですが

chapter 4 〉〉〉 差別に挑む子どもたち

渡れない橋

アルバニア語を勉強しました。彼らにむかって「Tung!」(トゥング)（英語で Hi! の意味）と声をかけると、彼らの方からもセルビア語で「Zdravo!」(ズドゥラヴォ)（Hello!）とあいさつが返ってきました。

「でも、ときどき、あいつら石を投げてくるんだ」という彼に「そしたらどうするの？」と聞いてみました。「自分たちからは投げないけれど、あいつらが投げてきたら、投げ返すんだ」。「アルバニア人のことは好きじゃないの？」と聞いてみると、「顔のわかるやつならいいけれど、知らないアルバニア人は信用できない」との返事でした。

　私が南側にはこんなお店があって、道路や車はこんなで、人はこんな感じだよと北側とのちがいなどを話すと、「へえ、何も知らないや……」と寂しそうなアレキサンダール。彼といっしょにいた友だちは、紛争以前の南側は知っているけれど、紛争が起きてからは一度も行っていないと言います。

　紛争時には爆撃もあったし、建物や道路がたくさん壊されました。紛争後から現在にかけては新しい建物がどんどん建てられているし、紛争以前の南側とはもうだいぶ変わっているようでした。

　近くてとてもとても遠い場所。知りたい、行けるようになりたい、南側の人たちと話してみたい、買い物したり、ごはんを食べたりしたい、という気持ちはみんな当然あるのです。

　長い間、憎しみや不信感の中で育ち、お互い触れ合うこともなく生きてきた彼らにとって、そんなに簡単に解決する問題ではないのですが、それでも、一人ひとり個々での結びつきは意味があるのだな、と実感し、少しずつでもそういう人を増やしていきたいと思いました。

◆小さな希望の芽

　現地アルバニア人スタッフとして働いてくれたシェナイは 19 歳の女の子。

コソボとその周辺地図

彼女もこの年代では珍しいセルビア語を話すひとりです。同じくミトロビッツ／コソフスカ・ミトロビッツァに住んでいます。

　今は南側に暮らしていますが、紛争前は親戚の多くが北側にも暮らしていて、彼女の家族は今でも北側に土地を持っています。でもその土地は10年以上訪れることのほとんどできない土地。街の中心地であるにもかかわらず雑草が生い茂ったただの空き地のままです。いずれもどって暮らしたいという希望を持ちつづけているので、セルビア系住民から土地を譲ってほしいという申し出があっても、断りつづけているそうです。

　合宿で出会うセルビア人ともアルバニア人とも友だちになり、合宿後も交流を続けている彼女。19歳ですから、チョコレートや携帯電話、ファッションや男の子の話も大好き。日本の子とそんなに変わりません。

　彼女は通訳者である母親や本などからセルビア語を学び、国際NGOによる交流ワークショップなどに参加して知り合ったセルビア人たちとの交流（主にはインターネットを通じて会話し、やはり、簡単ではないのですが、会えるチャンスがあるときは会うという）にとても積極的です。彼女は言います。「もう10年も経ったのだし、ほかに生き延びる道はないと思うの。それに、こんな狭い地域にいる隣人たちと交流もしないで、アルバニア人だけで固まっているなんて、世界が狭すぎる。もっといろいろな世界を知って、どんな文化であってもいいことはどんどん取り入れればいいのに」と。

　紛争時10歳ほどだった彼女には当時の記憶も残っているし、紛争で家族も何人か亡くしてもいます。「思い出すのもつらいし、戦争の経験なんてない人生のほうが全然いいのよ」と言うシェナイ。そんな彼女が選ぶ未来の生き方は「共存」なのです。（矢澤実穂）

※コソボの状況は2010年1月時点のものです。

More Information

◎特定非営利活動法人「国際市民ネットワーク」
 International Citizens Network of Japan（ICNJ）

　ICNJ は 1993 年から旧ユーゴ地域を対象に難民支援や職業訓練を行なってきた NPO です。近年は自転車組み立て修理職業訓練や、合宿形式での多民族融和促進事業を行なっており、これからは、当面多民族共存に資する事業をより充実した形で展開していきたいと考えています。

　会員を募集していますので、下記にご連絡ください。

　　●連絡先
　〒 178-0063　東京都練馬区東大泉 2-35-20
　TEL 03-3922-5892　FAX 03-3922-5835
　ホームページ http://sites.google.com/site/icnjapan/
　E メール icnjapan@gmail.com

◎あなたができること

1）募金をする
　　●郵便振替口座：00110-2-4631　口座名：国際市民ネットワーク

2）他人に対して決めつけた見方をしない

　　私たちにできることは、コソボに行って直接支援することだけではありません。毎日の暮らしの中でできる、とても大切なことのひとつは、あの子は外国人だからとか、家族といっしょに暮らしていないからとか、あの人は障がいがあるから、女だから、男だから……、と思い込み、だからこういう人なんだ、と決めつけないこと。平和に暮らしていきたいと思っている「あなたと同じひとりの人間」として接する努力をすることです。

　　他の言語を話す人であれば、その言葉を学ぶのも相手の文化を知るのにとても重要だし、言葉でない方法だってたくさんあります。

　　コソボ紛争も、ほかの争いごとも、相手を「あいつらは悪いやつらだ。自分たちより下で低俗なやつらだから殺してもいいんだ」と思うことから始まったものなのです。近くに住む人の幸せも地球の反対側に生きる人の幸せも、「決めつけた見方をしない」ということで繋がっていると思うのです。

15 チベット
母語をとりもどす
チベット難民の子どもたち

◆される側から見た援助

　戦争や政治的迫害のため祖国を追われ、他国に一時避難する人びとを難民と呼びますが、今、この瞬間も3000万人以上の人びとが世界のどこかで難民となり、一時収容所での生活を強いられています。

　1980年代はじめ、私は共産化したラオスから着のみ着のままで隣国タイに逃れてきた人びとに、衣服や缶詰配布などのボランティアをしていました。しかし配給をすればするほど、さらに多くの人びとがメコン川を渡りタイ領内に避難してくるのを見て、物を与えるだけで本当によいのかと疑問を抱くようになりました。つまり食糧は与えても、食べてしまえばなくなってしまうからです。

　また、緊急事態は過ぎ去ったのに、支援する側がいつまでも食糧配給を続けたせいで、人びとがさらに援助に依存せざるを得なくなったという、明らかに「与える側」に問題のある援助も経験しました。「もっと難民の立場にたった自立援助に関わりたい」という思いが強くなった私は、タイ国内で展開されていた多様なプロジェクトを訪ね歩きました。そしてある出会いをきっかけに、難民キャンプでの教育の大切さ、とくに幼い子どもたちの教育がいかに彼らの自立や幸せにつながるかを知ったのです。

◆知的遺産としての言葉

　さて、地球上には数えようによっては5000以上の言語が存在すると言われています。どんな小さな民族内で使われている言語も、ルーツをたどればその先人たちの知恵や創意工夫が凝縮されています。たとえば「椅子」という日本語。たぶん明治以降、初めて座るための家具を見た人びとが意見を出し合い、最終的に「椅子と呼ぼう」と合意したのだと想像します。数百年たっ

> 中国もチベットも隣人同士です。
> いつか本当の兄弟姉妹のように仲良く一緒に
> 住める日がくればいいと思っています。
> 　　　　　　チベット伝統音楽の第一人者
> 　　　　　　　　　　テンジン・チョーギャル

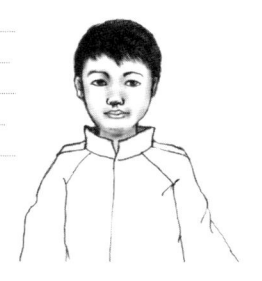

た今も、私たちが「椅子」と言えば通じ合えるのは、まるでリレーのバトンのように、昔の「合意」を正確に、そして忠実に次世代に手渡してきたからです。

　言語はまるで、過去・現在・未来の人びとが時空を超えてつながる壮大な知的コラボレーションのようなものです。世界中のどんな言語にも優劣はなく、どれも貴重でかけがえのない知的遺産です。一方、言語は悪利用される場合もあります。

　たとえば、あるひと握りの権力者たちが他国の言語を操作し、その精神文化、アイデンティティを破壊することもできます。つまり民族の分断や排斥をもたらす道具に利用されるほど言語は民族や国の成り立ちに深い関係があるのです。この項では、実際にこのような迫害を受けて今も困難な状況にいるチベット難民の状況と、母語を奪われたチベットの子どもたちが、いかに文字をとりもどしたかを、そこで育ったチベット青年テンジンの子ども時代を通して紹介したいと思います。

◆テンジンの故郷チベット

　1950年までチベットは中国とネパールやブータン、インドに挟まれた自然豊かな独立国でした。国土は約250万km²もあり、ヒマラヤ山脈など4000m級の山々にかこまれた高原で、多くの湖は渡り鳥の中継地となり、美しい河川や地下資源に恵まれた国でした。草原では羊やヤギ・ヤクなどを放牧し、平野部では農業で生計をたてていました。首都ラサには最高指導者であるダライ・ラマ法王を中心に中央政府がおかれ、独自の法律、郵便制度や通貨があり、ビルマやブータンなど近隣諸国との外交や貿易も行なわれていました。人びとはチベット仏教（ラマ教）を信じ、チベット語を話し、インドのグプタを模した表音文字を使っていました。

現在のチベット自治区と、1950年の中国侵略以前のチベット（白い部分）

　しかし1950年の中国によるチベット侵攻以来、チベットという国は世界地図から消えてしまったのです。中国政府の統治下に置かれた「チベット自治区」は、「中国の一部」になってしまったのです。現在の国土面積は、(中国側の意見とは相違する)、以前の半分以下となってしまいました。もともと600万人しかいなかったチベットの地に、それ以上の中国人（漢民族）の入植が始まり、土地は乱開発され、美しい河にはダムが造られ自然は破壊されていきました。チベット自治区の上層部は中国人が占めるようになり、公用語は中国語が選ばれ、チベット語の使用（話す、書く、読むというすべての言語活動）は禁止されてしまいました。
　さらにチベット仏教の信仰や、チベット国旗の掲揚も禁止され、2008年の北京オリンピック以降、ラサの街では中国の旗を窓に掲げるよう指導されています。また治安対策という名目で、あらゆる場所で検問が設けられ、チベットの民族衣装や僧侶の服装を着ている人は念入りにボディーチェックを受けるのです。教育面でも同じようなことが起こりました。授業はもちろん中国語で行なわれ、学校では中国の歴史のみを教えるようになりました。多くの貧しいチベット人は学費の高い学校にはとうてい通えず、その結果チベット人の教育水準が低下し、就労面でも多くの人びとが理不尽で不等な扱いを受けるようになりました。
　テンジン・チョーギャルは、今から40年ほど前、このようなきびしい状況下にあるチベット自治区で生まれました。「幼かった僕には故郷の記憶があまりありません。生年月日もはっきりしません。でも、父親のひげが長かったこと、仕事の合間にトゥンカル（チベット族のフルート）を吹いていたこと、また母親がよく山に向かって美しい声で歌っていたことはよく覚えている」と語ってくれました。

chapter 4 >>> 差別に挑む子どもたち

「チベット子ども村」で学ぶ
子どもたち

◆ダライ・ラマ 14 世

　中国政府によるチベット侵攻後の 1959 年、チベットの最高指導者である法王ダライ・ラマ 14 世（1935 年生まれ）は隣国インドに亡命し、インド北部ダラムサラに亡命政府を設立しました。この後、法王を追って約 13 万人のチベット人がチベット自治区を脱出したのです。「ダライ・ラマ」という名は、モンゴル語で「大海のように広大な徳を持つ師」という意味で、個人の名前ではなく、法王となる人に与えられる称号です。チベットの王位継承制度は、世界でもユニークなシステムで、ひとりの法王が亡くなると、その転生者が必ずどこかで生まれると信じられています。

　現在のダライ・ラマ 14 世も、13 世が亡くなったときに生まれ代わりとして選ばれ、5 歳でダライ・ラマ 14 世に正式に即位しました。法王が率いる亡命政府は、中国政府に対して非暴力で民主的な手段で「中道のアプローチ」（チベットの独立ではなく民族自治権）を提案し続けています。1989 年に、このような法王の非暴力による世界平和への貢献が高く評価され、ダライ・ラマ 14 世にノーベル平和賞が与えられました。残念ながら中国政府は、このような受賞も無視し、ダライ・ラマ法王の写真の所持や国内への関連図書の持ち込みも禁止し、「ダライ・ラマ 14 世」という言葉もインターネットでは「禁止ワード」として検索できないようになっているほどです。

◆命を賭けてヒマラヤを越える子どもたち

　このようにチベット人というだけで、その文化を徹底的に排除された人びとの中には「せめて子どもだけでもチベット人としての誇りを持って生きのびてほしい」と願うあまり、子どもだけをインドへ亡命させる親が後を絶ちません。インド北部にある亡命政府へ行くには標高 6000m 級のヒマラヤ山

「ヒマラヤを越える子どもたち」の日本語版DVD。4000m級のヒマラヤを越えて亡命するチベットの子どもたちを追った短編ドキュメンタリー（提供：KIKU）

脈を越えなければならず、そこは希薄な空気と万年雪で、生死を掛けた逃避行が待っています（詳しくは上で紹介するDVDをご覧ください）。

ガイドと共に必死にヒマラヤ山脈を越える途中で行方不明になった子ども、孤児になった子ども、河に溺れてしまった子ども、凍傷で手足を切断しなければならなかった子ども、さらに吹雪の中で凍死した子どもなど、多くの悲劇が彼らを襲いました。もし亡命中に中国政府に見つかると、チベットに残された親戚もすべて連帯責任を負うことになり、親族全員が中国政府に捕まってしまう恐れもあります。北京オリンピックを期に、亡命の警戒がさらにきびしくなり、「ヒマラヤ越え」は現在、きわめて困難になっています。それでも毎月数十人の子どもたちが人間としての当然の権利を求めてヒマラヤを越えているといいます。

テンジン・チョーギャルも、同じように父ときょうだいに連れられてチベットから脱出し、ネパール経由インドに亡命したひとりでした。当時、赤ん坊だったテンジンは、父の背中にくくりつけられ、何週間も深い雪と氷に覆われたヒマラヤ山脈を歩き通し、やっとの思いでインドにたどり着いたと語ってくれました。

◆「チベット子ども村」

ヒマラヤを越えてやって来た子どもたちをあたたかく迎え入れたチベット亡命政府は、彼らを「未来のチベットを担う貴重な人間として、愛情と共に大切に育て、彼らに最高の教育の機会を与えよう！」と、亡命政府の年間国家収入の65％を教育費に充てました。奪われてはならない民族の尊厳やアイデンティティー、宗教、言語を子どもたちに保障するためでした。

1960年、インド北部で道路建設に携わっていたチベット難民労働者の子どもたちのうち、栄養失調による衰弱状態の51人を収容する保育園がダラムサラに開設されました。園長にはダライ・ラマ法王の姉ツェリン・ドル

chapter 4 　差別に挑む子どもたち

モンテッソーリの教材、砂文字。砂で形どられた文字を、なぞりながら発音することでさまざまな感覚が同時に刺激される

マが就任しました。また1972年には、次々に国境を越えてくる子どもたちを受け入れる本格的な収容施設「チベット子ども村」（Tibetan Children's Village、以下TCV）が完成しました。姉亡きあとは、妹のジェツィン・ペマが校長を継承しました。

　現在TCVはインド各地に9カ所あり、乳児から18歳までの1万6000人以上の子どもたちが30人ずつ「ホーム」と呼ばれる宿舎に親代わりのスタッフと共に生活しています。ダライ・ラマ法王の教えでもある"Others before self"「利他的自己」、つまり「人の役に立つ心」を協同生活の中で学んでいます。現在では託児所、職業訓練校、ユースホステル、老人ホームなども増設され、それらのスタッフの65％がTCVの出身者で占められ、卒業生の生活を支えています。

◆母語をとりもどす子どもたち

　チベット亡命政府は、子どもたちにチベット文化の中核である宗教や文字という基本的人権を教えるために、東洋的な教えだけでなく、科学的な教育制度も取り入れました。それがモンテッソーリ教育です（123ページ参照）。

　上の写真を見てください。これはチベットの日常語、ウメ文字「チャー」を砂で形どったものです。指でなぞりながら「チャー」と発音すると、ザラザラした触覚（砂の感触）と、視覚（文字の形）、そして聴覚（文字の音）という3つの感覚が同時に刺激されます。これは、より鮮明に子どもが文字を記憶できるようデザインされたモンテッソーリの言語教材です。

　また教師は単に文字の書き順を機械的に教えるのではなく、まるで昔からチベットに伝わる「かけがえのない宝物」を少しずつ子どもたちに分け合うような心で、一文字ずつていねいに発音しながら紹介していきます。小学校3年生ぐらいになるとウーチェン文字が紹介され、チベット精神文化の神髄

世界各地でチベット伝統音楽を
紹介するテンジン

である仏教経典をひとりで読めるように導いていきます。このようにチベット亡命政府は、子どもたちに書いて自己表現する楽しさや、他人の考えを読んで知る喜びを最高の方法で与えました。こうした前向きな大人の行動によって、先代から続くチベットの知的遺産を自らとりもどし、大切な母語を次世代へと手渡していくことができたのです。

◆平和は子どもから始まる

　子ども時代、13年間をTCVで過ごしたテンジンは、30年以上も前に初めて文字を知った日の感動を今でも覚えています。「小さい頃、電気の存在すら知らなかった僕にとって、村での体験は新鮮で楽しく、そこでの学びを今でもはっきりと覚えています。あの砂でできた字（砂文字）や切り抜かれた文字（移動文字）があったから、自分の考えや好きな言葉を表現することできました。切り抜かれたウメ文字を並べていろいろな単語づくりを楽しんだこと、アルファベットを並べて初めて書いた文章が"This is a zoo"だったことを今でも鮮明に覚えています」。TCVで学んだチベット語、ヒンズー語、そして英語を使って、今、テンジンはオーストラリアを拠点に、世界中で音楽活動を展開しています。

　テンジンが何度もよく使う言葉にCompassion、「慈悲の心」があります。小さい頃からいつも心にそれを持つようにとTCVで教わったといいますが、彼の中国への気持ちを聞いたとき初めてその真の意味が理解できました。

　「中国もチベットも隣人同士です。いつか本当の兄弟姉妹のように仲良くいっしょに住める日がくればいいと思っています」

　30年前、タイの難民キャンプで援助の壁にぶつかり途方に暮れていた私が出会った言葉「平和は子どもから始まる」は、テンジンを知ってさらに揺るぎない確信となりました。（深津高子）

More Information

◎モンテッソーリ教育とは

20世紀はじめにイタリア初の女性医学博士マリア・モンテッソーリ（1870～1952年）が、子どもの観察を通して系統立てた教育法。世界中の子どもには『自ら成長し自立したい』という欲求や知的好奇心が内在することを発見し、それを尊重するために「自由で整えられた環境」が必要と結論づけた。個々の人間がフルに発達することこそ、恒久的な世界平和につながると説いた平和運動家でもある。

◎あなたができること

1）チベットについて知る

・ダライ・ラマ法王日本代表部事務所

世界12カ国にあるチベット亡命政府の東南アジア代表事務所
●東京都新宿区新宿 5-11-30　第五葉山ビル5階　TEL　03-3353-4094
ホームページ http://www.tibethouse.jp

2）チベット子ども村 TCV について知る

●ホームページ http://tcv.org.in （英語）

3）子どもの里親になる

・チベットサポートグループ KIKU

●ホームページ http://www.tsg-kiku.com
神奈川県小田原市北ノ窪 482-2　TEL　0465-35-7248

4）チベット音楽について知る

・テンジン・チョーギャルの公式サイト

http://www.tenzinchoegyal.com/tenzin/bio （英語）

5）モンテッソーリ教育について知る

・国際モンテッソーリ協会（在オランダ）

●ホームページ http://www.montessori-ami.org/ （英語）

・東京国際モンテッソーリ教師トレーニングセンター

●神奈川県相模原市南区鵜野森 2-20-2　TEL　042-746-7933
ホームページ http://www.geocities.jp/ami_tokyojp/

・深津高子

●Eメール ecollage@nifty.com　ホームページ http://ecollage.info/

写真提供：チベットサポートグループ KIKU、
テンジン・チョーギャル Tibetan Children's Village

16 ハワイ
先住民の暮らしとマカハ農園

◆**砂浜にあらわれた家なき人びとのテント村**

　日本人に大人気の太平洋の島、ハワイ州オアフ島。ここに、今、テント暮らしの人びとが増えているのを知っていますか？　15マイルは続く砂浜に、ブルーシートやテントで暮らしている家のない人びとが1500人以上、500世帯。その数はここ数年、増える一方です。

　テント村の目の前には渓谷の緑、砂浜の白、そして明るい青がまぶしい海が広がっています。この地域は、ワイアナエといいます。オアフ島の人口90万人のうち、4万人がワイアナエに住んでいますが、その多くがハワイ先住民と、経済的に貧しい移民です。

　この地域では、世界中の観光客を集めるワイキキにいるような白人も日本人の観光客もほとんど見かけません。いかにもポリネシア系の大きな身体をした女性が、紙おむつ一丁の赤ちゃんを脇に抱えて歩いています。昼間から家の前でお酒を飲む男性がいます。CDデッキから大音量でヒップホップを流し、ハンモックで煙草を吸う若者もいます。ビーチの向かい側にある住宅地の路地の奥からは、フィリピン系の子どもたちが走り出てきます。

　ワイアナエ北部にある、600人ほどの子どもたちが通っている「マカハ小学校」を訪ねました。子どもたちの半分は州政府から生活保護を受け、さらにそのうちの9割は学校の給食費も免除を受けていました。ハワイでは、なぜこのような格差が生まれたのでしょうか？

◆**アメリカの50番目の州になったハワイ**

　ハワイ諸島は、大きさ順にハワイ島、マウイ島、オアフ島、カウアイ島、モロカイ島、ラナイ島、ニーハウ島、カホーラウェ島の8島から成立しています。1782年から100年あまり、ハワイ諸島はどの国からも独立した統一

> みんなに家と食べものがある世界をつくりたい。
> マイレ（10歳）

王朝でした。ハワイのことばで wai（ワイ）は水という意味。水を2つならべた wai wai（ワイワイ）では、「豊か」という意味になります。「ハワイ人は昔から水を大切に扱い、限られた水源とその周りの生態系を崩さずにささやかでも豊かな暮らしを営んできた」と現地の人びとは言います。

ところがその間、続々と入植してきた白人たちの多くが砂糖プランテーションを経営するなどして成功し、勢力を拡大していきました。そして今から約110年前の1895年、王朝最後の統治者、リリウオカラニ女王は王位の破棄を要求され、ハワイ人による国家は終焉を迎えます。ハワイ諸島はアメリカに併合されてハワイ準州（米国自治領）となり、その後、1959年にアメリカ50番目の州になりました。

それ以降、本格的なリゾート開発が始まり、ハワイの華やかなイメージが世界に広がりました。しかし、開発によって先住民の暮らし向きがよくなったとはいえません。

◆サトウキビ・米軍基地・リゾート開発がハワイにもたらしたもの

欧米に輸出するためのサトウキビ栽培やパイナップル栽培が商業的に大成功し、財界人たちが共和党を組織したことで、ハワイの政府、運輸、教育、経済のシステムは、先住民ではなく白人のためのものとなっていきました。

プランテーション型農業は、ハワイの先住民から限りある島の水を奪いました。土地と水は島民のための食料をつくるためにではなく、換金作物の栽培に使われました。プランテーションではたくさんの日系人移民が働いており、サトウキビの貿易で得た利益の多くは欧米の資本家が手にしました。

その結果、先住民に残されたのは、枯れてしまった水源と荒れた農地です。かつて342種類もつくられていたという主食のタロイモは、今では68種類に減りました。100%を誇っていた島の食糧自給率も今では10%近くまで落

米軍の射撃場として接収された
先住民の聖地・マクア渓谷

ち込み、日々の食卓にあるのはほとんどが輸入した食料です。

　オアフ島の25％が米軍基地で占められています。オアフ島の高速道路がすべて米軍の施設に物資を搬入するためにつくられたことも、有名な話です。先住民が聖地としてきた水源のある場所の多くが、米軍の演習場として使われ、軍関係者以外は立ち入りを禁止されています。

　さらに、アメリカ本土からリゾート開発業者、観光産業者が入ってきて、リゾートホテル、ビーチの開発用に土地を買い占めました。80年代のバブル期には日系企業が入ってきて、巨大リゾート開発を手掛けました。40年前は、1年間にハワイを訪れる観光客は人口の半分ほどでしたが、今ではハワイの人口の6倍もの観光客で膨れあがっています。

　ハワイに、小規模の土地所有者の所有地は10％もありません。残りはすべて軍、州、大農園主、開発業社のもので、大地主は商業開発の波に乗って地価を高騰させ、大きな利益を得ました。先住民が利益を得ることはほとんどなく、多くの先住民は土地返還を求め、立ち退き反対闘争を繰り広げるようになりました。

◆先住民の40％が米国本土に出稼ぎ

　さらにこの2000年代になると、ライフスタイルの変化を求めて米国本土から移住してくる人口が増え、島の地価、住宅家賃が上昇しました。ワイアナエ地区でも10年前に月300ドルだった家賃が1000ドルにはねあがった場所もあり、家賃を払いきれずにつぎの引越し先もないまま立ち退かされる人が後をたちません。

　マカハ小学校で出会った5年生の少女、マイレもテントから学校に通うひとりです。珍しい客に素敵な笑顔を向けて学校を案内役をかって出てくれたマイレは、家族のことを聞かれると、

マカハ農園のタロイモ畑

「お母さんは、遠くに働きに行ってる。私は、おばさんの家に住んでるの。お父さんは、いない」 そう言って、窓の外に目を向けました。

2009年現在、オアフ島には約6500人、1700家族のホームレスがいます(州政府発表)。6500人のうち300人が16歳以下の子どもです。ワイアナエ地区のNGO「ワイアナエ・コミュニティ・アウトリーチ・センター」に食糧支援や家を求めて相談に訪れる人は、'05年以来、毎年300人近く増えています。

2年前からテント暮らしを始めたマイレは、「テント暮らしだって仕事がある人もいる。家族も多い。でも、テントは嵐が来れば吹き飛ぶし、電気は家に自前の発電機がなければ、なしで生活するしかないの」と言いました。

◆壁のない教室、「マカハ農園」

今、ハワイ先住民の40％は米国本土に出稼ぎに行っているといわれ、長期間、母がいない、父がいない家庭が増えています。貧しい家庭では、家庭内暴力も少なくありません。

それでも、マカハ小学校で出会う子どもたちの笑顔は素敵です。秘密は、小学校のすぐ隣にある「マカハ農園」にあるようでした。子どもたちは授業や放課後毎日のように「壁のない教室」と呼ばれるこの農園にやってきます。

「マカハ農園」は約30年前、1979年に誕生しました。この農園をつくったのはイタリア人のジジ・コキーオ。人をとりこにするくしゃくしゃの笑顔とサンタクロースのような小さな丸眼鏡、灰色の口ひげ、大きなおなかという風貌です。

「マカハ農園を始めたのは、生活補助金をもらって生活する人口が住民の半分を超えるこの場所で、子どもたちが心から安心できる場所が必要だと思ったからだよ」とジジは言います。

「ジジは、みんなのパパ。ハワイ先住民のカナカ・マオリの『マラマ・アイナ(土地を愛す)』の伝統に学んで、このあたりのみんなの土地と家、仕事の権利を

「マカハ農園」をつくった
ジジ・コキーオ

守る運動を続けているのよ」とマイレが言いました。子どもたちにとって、マカハ農園の存在は放課後の居場所であり、知恵と自信を得る学びの場です。

　地元の住民たちは長い間、この広大な農園の畑で、タロイモやハーブ、トウモロコシ、ニンジン、豆、ピーナツ、チンゲン菜などをつくってきました。子どもたちも自分たちで育てた野菜を収穫・調理します。ヤギや鶏、あひる、亀や魚、ミツバチの世話をして、ハワイ人の伝統的な暮らし方を学びます。

　自らの手でいのちを育むことで、自然と人、人と人のつながりを学び、伝統的なハワイ先住民の知恵に触れ、さらに日々の食料を得ています。食料を家族に持ち帰ることは、子どもたちの自信にもつながっています。

　毎日農場に通うマイレの自慢は、ハワイの島々やポリネシアの伝統的な家々の模型や、ガラスとアルミホイルでつくったソーラーオーブン。子どもたちがつくったポリネシアの島々の模型や鳥瞰図は、自分たちの住む世界が理解できる仕掛けがたくさんあります。

　「ハワイ語も、ハワイの歴史も、ハワイの暮らしの中でどんなふうに水が使われてきたかも、自然エネルギーのことも、世界の平和のことも、マカハ農園ではなんでも勉強するの」と、マイレはうれしそうに言います。将来の夢を聞かれると、「わからない。でも、みんなに家と食べ物がある世界をつくりたい」と笑顔を見せてくれました。

◆「変化をつくるのは、子どもたちだ」

　マカハ農園が30年かけて育んできた活動は「農業＝ハワイアン・アイデンティティと文化の復興」であり、結果としてそれがエコロジーでもあるという完璧なサステイナブル・モデル。自然とともに生きる生活あってこそハワイ人としての自分たちの存在意義が保たれるという、新しい営みです。

　「子どもたち、楽しそうだろう？　もとは地元の子どもたちのために始まっ

chapter 4 >>> 　　差別に挑む子どもたち

5年生のマイレ（右から2番目）と著者の長女

た農園だったけれど、今ではオアフ島全土の小学校から、年4000人の子どもたちが体験学習にやってくるんだよ」と、ジジは言います。

環境と教育、生活と文化の復興の四者が融合するこのシステムは、今ではハワイのほかの農場でも採用されはじめました。ハワイで多品目を育てる農業従事者の数も、その収入も、ここ20年間で倍に増えています。新しく農業に携わる人の多くが若い世代です。

「卒業生の中には、自分たちで新しい農園をつくって成功している子もいる。ハワイ文化の研究者として活躍している子も。それに、海外からマカハのことを知りたいと言って訪ねてくる研究者や団体が、今じゃ年に100件以上ある。自分たちの畑を海外から見に来る人がいる、それが子どもたちにとってはとても誇らしいことなんだ」

マカハ農園には、ワイキキの喧騒とはかけ離れた、地に足のついた時間が流れていました。パンの木の下に腰掛けて眺めた風景は、そう、まさに楽園を連想させます。「変化をつくるのは、子どもたちだ」というジジの言葉を応援するように、タロイモ畑を心地よい風が吹き抜けました。（小野寺愛）

More Information

◎あなたができること

1）マカハ農園を訪ねる
　　Hoa' aina O Makaha - 84-766 Lahaina Street , Waianae Hawaii 96792
　　●ホームページ　http://www.hoaainaomakaha.org

2）『観光コースでないハワイ』（高橋真樹、高文研）を読む

写真提供：高橋真樹

> Column4　「参加する子ども」をうたう「子どもの権利条約」

> 「子どもは、今現在人間であって、将来人間になるものではありません」
> ——ヤヌシュ・コルチャック
> （子どもの権利条約の理念に影響を与えた小児科医。ワルシャワのゲットーで孤児院を運営した。アウシュビッツで絶命）。

「子どもの権利条約」（1990年に発効）は、子どもの基本的人権を国際的に保障するために定められました。すべての人には国際人権規約（1976年に発効）が定める基本的人権が認められています。しかし、子どもにとって、大人を対象とした条約ではカバーできない項目や、発達過程で見落されてしまいがちな権利を具体的に示す必要があるという視点から、新たにつくられました。「子どもの権利条約」は前文と本文（54条）からできていて、その内容は、4つの柱で示すことができます。
　1）生きる権利（子どもたちは健康に生まれ、安全な水や十分な栄養を得て、健やかに成長する権利を持っている）
　2）守られる権利（子どもたちは、あらゆる種類の差別や虐待、搾取から守られる権利を持っている）
　3）育つ権利（子どもたちは教育を受ける権利や、休んだり遊んだりする権利、そして自分の考えを育んでいく権利を持っている）
　4）参加する権利（子どもたちは、自由に意見を表したり、活動する権利を持っている）
　どれも大切ですが、注目したいのは「参加する権利」です。これまで子どもは「保護され、教育される」だけの対象とされていましたが、それに加えて、子ども自身も意見を発したり、社会の一員として行動する権利があることが明記されました。社会ではまだまだ「子どもは大人の言うことに従っていればいいんだ」という考えが一般的です。しかし、本書に登場する子どもたちを見れば、困難な状況で暮らしていても、ただ大人の保護を待っているだけの存在ではないことがわかります。子どもたちは、今の社会を変える力を持っているのです。
　1990年に発効したこの条約に、日本が批准したのは1994年。2010年現在は、193カ国が批准しています。多くの人びとの努力によって実現したこの条約ですが、今も子どもたちをとりまく環境は深刻です。だからといって、「条約があっても変わらないじゃないか」ととらえるべきではありません。この条約を活かし、どうやって現状を変えていくことができるかは、今を生きる私たちの手に託されているからです。（高橋真樹）
（参考：日本ユニセフ協会ホームページ）

第5章
未来をつくる子どもたち

17 アメリカ
銃社会と若者たち

◆友だちは、警官に射殺された

「僕は、これまでに7人の友人を銃で殺されたんだ」

ニューヨークのブルックリンに住む黒人少年のテレンス・フィッシャー（当時19歳）は、自分の体験を語ります。彼はギャングのメンバーでもなければ、麻薬の売人でもありません。友だちとヒップホップの音楽をつくるのが大好きな10代の高校生です。

彼らが暮らすブルックリンの黒人街一帯には貧困も人種差別も、銃も蔓延しています。テレンスはまだ短い人生の中で、銃犯罪によって7人も友人を亡くしていたのです。そして、テレンス自身も含めて、8人目の犠牲者が出ても不思議ではない状況に暮らしていました。そのため彼は、銃による暴力の連鎖を終わらせる方法はないだろうかと考えるようになっていました。

その数カ月後、8人目の犠牲者が出ました。小学生の頃からの大切な友人ティモシー・スタンスバリーでした。テレンスの目の前で、親友が警官によって撃ち殺されたのです。

その日、同じ団地に住む2人は、隣棟の友だちの家で開かれたパーティにいました。途中で、2人はテレンスの家にCDを取りに行き、再び友だちの家にもどる予定でした。友人宅は隣の棟だったので、1階まで降りずに屋上伝いにもどろうとしていました。階段を上り、もう少しで屋上というところで、外から扉が開くと同時に爆竹のような音がしました。テレンスはティモシーのすぐ後ろに立っていましたが、ティモシーが血まみれで、階段を転げ落ちて行きました。

「しばらく何が起こったかわからなかったんだ。ティモシーが叫んでいて、血だらけだった」

ティモシーは、間もなく息を引き取りました。この事件は、テレンスの心

> 暴力の連鎖を止める。
> 俺たちはもっとできる。もっと意味のあることを。
> テレンス・フィッシャー
> (ドキュメンタリー映画を撮った高校生)

に大きな傷を残しました。地域の人びとも、罪のない若者が警官に殺されたことを強く憤っていました。何よりも不可解だったのは、ティモシーがギャングの争いにまきこまれたのではなく、パトロール中の警官に撃ち殺されたという事実です。それでも、この事件は「悲劇的な事故」として片付けられ、発砲した警官は起訴されませんでした。

テレンスや友人たちは悔しさに震えました。友人たちが警察に対して暴動を起こすほどの怒りに駆られているときに、テレンスは「それじゃ奴らの思うつぼだ。俺はカメラに向かって、自分たちの思いを語る」と決意しました。

暴動を起こす代わりに、テレンスたちはティモシーに捧げる音楽をつくり、抗議行動を記録して、このできごとを世の中に伝えることを選びました。テレンスは、友人のダニエル・ハワードとともにビデオカメラを手にとって、銃社会を告発するドキュメンタリーを撮りはじめたのです。

◆世界で一番、格差が激しい国

「世界一豊かな国」アメリカ。しかし、ブルックリンの貧しい黒人たちの周囲は、銃による殺人や、薬物乱用、強盗など貧困が引き起こす暴力に満ちています。そのため、多くの若者が犠牲となっています。1％の国民が40％の富を持つ一方、人口の13％が貧困ラインを下回っているアメリカは、「世界一格差の激しい国」でもあるのです。アメリカにおける「貧困ライン」とは、社会で最低限の生活を送るための所得の基準で、毎年見直されます。2009年の場合、65歳以下のひとり暮らしの貧困ラインは、年間1万1161米ドル、2人の子どもを抱える4人家族は、2万1756米ドルでした（アメリカ国勢調査局調べ）。

教育の格差も深刻です。ニューヨークに住む子どもたちのうち、高校を卒業するのは半数だけです。大学はさらに狭き門になります。アメリカの大学

友人が警官に撃たれた事件の新聞記事

の授業料は日本よりもかなり高く、中流階級の家庭でも子どもを大学に通わせることはたいへんなのです。そのため、富める者はますます豊かになり、貧困層はいつまでも脱出できないというシステムになってしまっています。

◆アメリカの実態を世界に知らせる

　ニューヨークのチャイナタウンにDCTV（Downtown Community Television Center）という、独立系の市民メディアセンターがあります。DCTVは、1972年にジャーナリストのジョン・アルパートと津野敬子夫妻が設立した独立系の市民メディアセンターで、30年以上にわたって地元の問題をテーマにした作品や、アメリカの主要メディアでは放映されない報道番組を製作して、ビデオジャーナリズムの重要な歴史をつくってきました。

　DCTVの制作した報道番組の視聴者は年間1億人を超え、ジョン・アルパートは、これまでにアメリカのテレビ界の最高栄誉であるエミー賞を15回も受賞したほか、数多くの報道賞も受賞しているドキュメンタリー監督です。'03年には、イラク戦争の直前と直後にバグダッドとニューヨークをサテライトで結び、イラクとアメリカの高校生が討論をする番組をつくり、日本でもNHKで放映され話題になりました。

　ジョンと津野は、30年以上にわたり世界各地を取材してきました。そしてビデオジャーナリストとしての活動をするとともに、ニューヨークの貧困層の若者を対象に、無料のメディア研修プログラムや、低価格の機材やスタジオのレンタルなどを行なってきました。年間250人の若者がDCTVで研修し、世に輩出されています。

　「若者が参加する映像製作のトレーニングの一環に、誰にも知られたくないような家庭の事情をお互いに面と向かって話し合う場をつくる、というものがあります。それはじつは、自己セラピーにもなるんです。みんなで映画を

地元の高校生たちに上映前のスピーチをするテレンス

つくって、観て、意見を出し合う。そうやって仲間としての絆も強まります。DCTV に来る若者の多くには居場所がありません。映像づくりを通して、ほかのみんなも自分と同じように問題を抱えていることに気づくことで、心を開き始めるんです」と、津野敬子は言います。

　DCTV のワークショップを通じて、若者はさまざまな人びとと出会うことで、自分の問題だけではなく、周りの人びとが抱える悩み、あるいは地域や社会で起きていることを学び、向上心と将来への希望を持つようになります。ニューヨークは教育格差の激しいところですが、DCTV を卒業した若者は驚くべきことに 9 割が大学を目指し、進学していると言われています。

　テレンスも、DCTV のスタッフが高校の授業で話をしたことをきっかけに、ビデオの制作に関心を持つようになりました。彼はヒップホップの曲づくりが大好きだったので、音楽ビデオの編集をやってみたいと思っていたのです。のちに共同で撮影を始めるダニエルとは、DCTV で知り合いました。

◆ビデオで世界を変える

　テレンスとダニエルは、2 年の歳月を費やして 22 分間のドキュメンタリー作品「*Bullets in the Hood*」(巷の銃弾) を完成させました。

　映画は、ティモシーの早過ぎる死を描きながら、銃による暴力がなぜ起きたのかという問題を取り上げています。カメラは、ティモシーの母親が嘆き悲しむ姿や、事件後にこの地域を訪問した市長に対して住民が抗議する様子、さらには地域の人びとの平和を願うデモのようすなどを映し出しています。

　この映画でもっとも重要なポイントは、ティモシーの事件をきっかけにして、地域社会が暴力的な方向ではなく、互いに協力しあって地域を変えていこうとする状況を描いていることです。そして、地域社会に何が求められているのかについて、力強いメッセージを投げかけています。

サンダンス映画祭の授賞式にて話すテレンス

　彼らをとりまく貧困や暴力は苛烈なもので、生活環境はあまりに劣悪です。進学や就職などあらゆる場で社会参加の機会が閉ざされています。一方で銃や麻薬は簡単に手に入れられます。メディアはさまざまな機会をとらえて、黒人の若者への差別や偏見を煽っています。こうしたことのすべてが、彼らの未来の希望をくじく障害となっているのです。
「ここでの生活が、人の心を荒れさせ、他人に対しても冷酷にさせていく。ここの住人は誰もがいつも怒りに満ちているんだ」
「俺たちは、テレビで描かれているような殺し合いをする人間じゃない。そのことを、ただ街角で座っているだけじゃなくて、世間に示すべきなんだ。自分たちが何をやっているのかを意識しなきゃダメだ。俺たちはドキュメンタリー制作者として、みんなに何が起こってるかを、俺たちなりに伝えていかなきゃと思っている」と、映像制作という方法を選んだ思いを語りました。
　この22分のドキュメンタリー映画は、2人の思いを遥かに超えて、全米に衝撃を与えました。映画が公開されると全米のさまざまな映画祭で上映され、'05年には、インディーズ（独立系）映画の世界最大の映画祭で史上最年少の審査委員特別賞を受賞しました。さらに'09年にはアメリカで放映されたテレビ番組に贈られるテレビ界のアカデミー賞と呼ばれている「エミー賞」を受賞しました。歴史と権威のあるこの賞の受賞は、芸術面だけではなく、作品の持つ力強いメッセージ性が認められたからでした。
　さまざまな映画祭に招待され、多くの人びとから「*Bullets in the Hood* を撮った2人だ！」と賞賛されたことは、2人にとってすばらしい体験でした。多くの人に認められること、ましてや全米が注目するエミー賞の会場で称賛されることなど、これまでの人生では想像もできなかった体験でした。
　ダニエルは、作品を撮り終えたとき、「DCTVに入る前は、自分には周りの環境を変える力があるなんて感じたことはなかった。でも今はちがう。い

ま自分は、『声』を持っている」と確信し、テレンスは、「こんな悲劇が二度と俺たちの住む街で起きないことを願っている。それを防ぐために何かしないと俺たちは殺され続けてしまう。だから、このドキュメンタリーを撮った。この映画をみんなに観てもらって、俺たちのおかれてる状況を知ってもらいたい。そしてこんな状況でも、自分たちの手で社会を変えていけるんだってことを伝えたいんだ」と話しました。映画の中で2人は語っています。
「暴力の連鎖を止める。俺たちはもっとできる。もっと意味のあることを」

（上野　玲）

More Information

◎あなたができること

1) *Bullets in the Hood*（巷の銃弾）を観よう

- オリジナルを観る――サイトで購入できます。
- ●ホームページ http://www.dctvny.org/youth/media （英語のみ）
- 日本語字幕版を観る――サイトで購入できます。
- ●ホームページ http://flugeizo.com/lineup/dctv.html

2) DCTV についてもっと知ろう

- DCTV の活動を支援するための寄付もホームページからできます。
- 津野敬子さんの著書『ビデオで世界を変えよう』を読む

写真提供：DCTV

18 ペルー
子どもたちに笑いを！
——砂漠の街の子どもアーティスト

◆砂漠のアーティスト

　彼らと出会ったのは、ペルーの砂漠地帯の街にある小さな劇場でした。出演者は6、7名ですが、内容はバラエティ豊かです。ペルーの民話を基にした、いたずら好きのちびっこ鬼が登場するコミカルな寸劇、民族楽器による音楽や力強いダンス、そしてジャグリングなどのパフォーマンスが矢継ぎ早に登場します。演じるのは10代の若者です。どの演目も「子どもの劇団」というレベルを越えて、パフォーマンスとして洗練されていました。ヨーロッパの芸術フェスティバルに何度も招かれているという実績にもうなずけます。

　子どもたちの劇団「アレナ・イ・エステラス」（砂とムシロ）は、1992年にこのビジャ・エルサルバドル（救世主）の街で誕生しました。16歳のときに劇団を創設した、リーダーのアナ・ソフィアは言います。

「自分で言うのもなんだけど、私たちの演劇やパフォーマンスは、とっても魅力的だと思うの。なぜこんな田舎にいる私たちがヨーロッパに呼ばれるのか考えたけど、ヨーロッパでは人の心を豊かにするような劇が少なくなったんだと思う。お金はあって見た目は豪華でも、内容が薄いものばかり。逆に私たちのサーカスや演劇は素朴だけど、人の心を動かす力があると思うの」

　殺風景な舞台には仕掛けはほとんどなく、電力不足のため2時間の公演中に2回も照明が落ちました。でも観客の心をつかんでいた彼らは、トラブルを応援に変えてしまいます。その夜、ピースボートのツアーでやってきた120名の訪問者は、彼らのパフォーマンスに釘付けになりました。

　彼らが活動するビジャ・エルサルバドルの街は、ペルーの首都リマから車で1時間のところにあります。スラムとして始まり、現在約40万人が暮らす都市になったこの街の歴史は、苦難の連続でした。草木も生えないない不毛の砂漠地帯だったこの土地に、住む家がなく貧しい9000家族が移り住んで

> 私は自分が貧しいから何もできないなんて、思ったことはないの。
> パメラ・ガモナル（16歳）

来たのは1971年。彼らは砂の上に柱を立てて、そこに垂らしたムシロを壁替わりにして暮らし始めました。劇団の「砂とムシロ」という名前も、ここからきています。

◆ 16歳のアーティスト、パメラ

「私たちはただパフォーマンスをするだけの存在じゃない。私は自分のことを、文化を広めるプロデューサーだと思っているの」

ダンスや打楽器の演奏を汗だくでやっていたパメラ・ガモナル（16歳）は、こう語ります。パメラが生まれ育ったのは、ビジャの街の中でも特に貧しい地域です。今では街のほとんどの地域で上下水道が整備されているのですが、彼女の地域にはありません。砂漠地帯なので昼と夜の気温差が激しく、寒さに震える夜もあります。2人の姉は幼い頃から働きづめでした。そして、18歳になる前に子どもを生むことになった母親や姉たちは、子どもの世話に追われて疲れきっていました。そうした姿を見続けてきたパメラは、自分はちがった人生を歩みたいと考えていたのです。劇団に参加したのは11歳のとき。学校にやってきた劇団がメンバーを募集していると知って、ワクワクしました。

「私は妹たちの世話をしなければならないから家族の理解を得るのがたいへんだった。それで初めは土曜日だけ参加したの。でも、この劇団がとっても好きなので続けている。今では毎日通っているけど、家族も応援してくれるようになったの」

パメラは今、高校で生徒会長をしながら劇団員として活躍しています。毎日昼過ぎに学校が終わってからは、夜の9時半まで練習します。また、海外公演がある前はさらに練習づけになります。彼女がこの劇団の活動から学んだことはたくさんあります。

「劇団の先輩たちからのアドバイスはいつも大切にしているよ。たとえば〝自

アレナスの舞台は、いつも子どもたちの歓声で包まれる

分のことばかり考えるのではなく、困っている他人のことも考えること。そして〝本当の「支援」は、自分の余ったものをあげるのではなく、その人が必要としているものを与えること〟。その意味では、貧しい私にもできることはあると思う。何もできないなんて思ったことはないの」

パメラがそう実感したのは、巡業で山間部のとても貧しい村を訪れたときのことでした。彼らは電気も、その日食べるものもほとんどないような暮らしをしていました。パメラは自分よりさらにきびしい暮らしをしている人たちがいることにショックを受けました。それでもそんな村人たち、とくに笑顔を失っていた子どもたちに、演劇やサーカスで笑顔を与えることができたことが、とてもうれしかったのです。パメラたちの訪問をきっかけに、この村では文化が大切にされるようになり、演劇グループもつくられたそうです。

仲間と共に学び、助け合いながら成長していくパメラの姿を見て、パメラの通う学校では、教育の一環として演劇を取り入れるようになりました。卒業をひかえた彼女には、やりたいことがたくさんあります。

「私は子どもたちに芸術を教えたり、喜びや笑いを与えられる存在になりたいの。あとは、心理学を勉強したい。子どもたちの中には、自分に自信がなくて、何をしたらよいかわからない子も大勢いる。だからこの劇団で心のサポートもできたらいいなと思って」

◆子どもたちに笑いを！　〜アレナ・イ・エステラスの誕生〜

劇団の誕生には、ビジャの街の歴史が深く関わっています。ここに人びとが暮らしはじめた当初、政府の支援など何もない状態でしたが、住民は話し合いながら街づくりを行ないました。彼らは雇用を生んだり食料配給をしたりと、貧しい人同士が支え合うしくみをつくります。また、電気や水道を引き、幼稚園や学校をつくり、犯罪の取り締まりも自分たちで行ないました。教会

子どもたちを前に
パフォーマンス

遠征したアレナスの
パフォーマー

や政府も巻き込んで、徐々に大きくなった住民による街づくりは世界的な反響を呼び、'86年にはノーベル平和賞の候補にもなりました。

　ところが、'80年代後半から、ペルーの人びとを恐怖で震え上がらせていた武装グループのセンデロ・ルミノソが、街を支配しようとします。軍や警察は腐敗していて、市民を守ってくれる人は誰もいませんでした。センデロが力を持っていた頃は、夜はもちろん、日中も出歩くことが危険でした。道端に転がる死体にはハゲタカが群がり、恐ろしくて街を去っていく人もたくさんいました。そして、センデロの暴力に反対した人びとが次つぎと暗殺されていきます。

　住民組織のリーダーだったマリア・エレナもそのひとりです。彼女が最後にしていた活動は、『一杯のミルク』プロジェクトでした。誰もが怖くて外出できなかったときに、マリアは子どものいる家庭にミルクを配ってまわりました。センデロの脅迫を拒みつづけた彼女は、ついに銃撃を浴びてしまいます。マリアの葬列には、1万人以上が参加しました。彼らは口々に叫びました。「マリアは死んでいない。私たちとともに生きている」と。マリアの死をきっかけに、人びとは暴力と立ち向かうようになりました。その中に、16歳のアナ・ソフィアもいました。アナは強くて優しいマリアが大好きでした。

　「あのとき私もマリアのように、暴力に立ち向かおうと決めたの。そして友たちと相談して、芸術という方法で街のあちこちでパフォーマンスをすることにした。『私たちに笑う権利を！』っていうスローガンを掲げてね。貧しさと暴力が子どもに夢を描けなくしていたから、それを変えたかった」

◆芸術で社会を変える

　アナたちは、まず顔をペイントして、太鼓をたたきながら通りに繰り出しました。そして、「怖くないからみんなで外に出て楽しもう！」というメッセージ

ダンスを舞うアナ・ソフィア

を投げかけたのです。そして、勉強や仕事のかたわら練習して、あちこちを回って子どもを巻き込んでいきました。喜ぶ子どもをしりめに、大人たちは冷ややかでした。芸術なんて無駄な物だと思われていたからです。誰からの支援もない貧しい子どもたちが、この活動を続けていくことはたいへんでした。それでもアナたちは収入を劇団の事務所や衣装代につぎ込んで活動を続けました。

　パフォーマンスの内容も試行錯誤でしたが、イタリアのサーカス団と知り合ったことで向上していきます。その後も子どもたち同士で技を開発したり、ビデオやインターネットを参考にして独自のパフォーマンスを生み出していきました。アナたちは、ヨーロッパのサーカスのコピーではなく、ペルーの伝統の知恵や文化を活かした自分たちなりの表現を創り出したいと思っていました。現在、「アレナ・イ・エステラス」の演劇のテーマは、伝統的な話から、今の若者の現状、スラムの貧困を扱ったものなどさまざまです。アレナは人びとに、アートを通じて社会への意識を持ってほしいと思っています。

　彼女たちのパフォーマンスは、人びとに笑顔と、貧困に立ち向かう勇気を与えました。'90年代後半になると、そうした努力が海外の芸術家の目にとまり、今では毎年のようにヨーロッパの芸術フェスティバルに呼ばれています。国際的な団体からの支援も得られるようになり、10名ほどの中心メンバーに給料を支払えるようになりました。アナたちの思いは、徐々にビジャの街やペルー各地に広がっていったのです。今やビジャの大人たちにとっても、劇団は欠かせない存在になっています。そして2008年、「アレナ・イ・エステラス」は、国から正式に芸術、文化を教える教育機関として認められました。有名になったアレナは、大都市で公演してもっとお金を稼ぐこともできます。それでもアナたちは今も、砂漠の街で学校を巡っています。

　「お金を稼ぐことより、弱い立場の人たちに何ができるかを考えることの方がよほど大事なの。ビジャの街は大きくなって基本的な設備はできたけど、

chapter 5 ▶▶▶ 未来をつくる子どもたち

ビジャの街並み

それだけで人間らしく生きていけるわけじゃない。私は芸術やスポーツといった人生を豊かにするものはすごく大事だと思う。ビジャには映画館のような文化的な施設がほとんどないから、アレナを文化センターにしていきたいの。そして、劇団に関わることで、貧困やさまざまな困難と闘っていける子どもたちを増やしていきたい」

2000年代に入って、ペルーの人びとを苦しめた暴力の時代は終わりを告げました。しかしそれまでの20年間で、武装グループや軍隊によって犠牲になった人びとは7万5000人とも言われ、傷跡は癒えていません。さらに貧困と犯罪、社会の不正といった問題は積み残されたままです。芸術を通して恐怖や貧困を乗り越え、笑いと希望を生み出してきた「アレナ・イ・エステラス」の子どもアーティストたちのチャレンジは、これからも続いていきます。

(高橋真樹／協力：常磐未央子)

More Information

◎あなたができること

1) 募金をする

ピースボートでは、ビジャ、エルサルバドルほか訪れる各寄港地の支援活動を行なっています。
★募金先・募金方法は31ページをご参照ください。

2) ペルーへ行く

ピースボートでは地球一周の船旅で、ビジャ・エルサルバドルを訪れるツアーを行なっています。そこでは「アレナ・イ・エステラス」などの子どもたちと交流することもできます。

19 南アフリカ
音楽に夢をたくして

◆「アフリカン・ユース・アンサンブル」の挑戦

　ラト・マケマネは、南アフリカ共和国ジョハネスバーグ市ソウェト地区に住む14歳の女の子です。一番好きなことは、バイオリンを弾くこと、2番目はアフリカンダンスです。ラトは、「アフリカン・ユース・アンサンブル」（AYE）のメンバーで、週2回個人レッスンを受け、土曜日は25人の上級クラスの仲間たちと練習します。上級クラスのメンバーは、初級クラスの子どもたちの練習の手伝いもします。

　このAYEは、1987年に活動を開始し、子どもたちに無料でバイオリン、ビオラ、チェロを教えています。常時80人あまりの子どもや若者が参加していて、上級クラスで編成される管弦楽団は、南アフリカ有数の青少年による楽団としてよく知られており、各地の音楽祭に招かれて演奏しています。クラシックだけでなく、アフリカ音楽をアレンジした曲も多く、観客が踊りだすような生き生きした演奏で好評を博しています。

　AYEを創設したのは、コロアネとムポ夫妻です。コロアネは、音楽好きの両親のもとに生まれ、小学生の頃からバイオリンを弾き、大学で音楽を勉強したいと夢みていました。しかし、アパルトヘイト（人種隔離）政策下では、音楽大学は白人しか入学できず、アフリカ人のコロアネは、入学することができなかったのです。でも、その才能が認められ、海外の団体から奨学金を得てイギリスの大学で学ぶことができました。6年間イギリスで学び、帰国したコロアネは、ジョハネスバーグのオーケストラに所属し、ビオラ奏者として高く評価されるようになりました。白人の中で、ただひとりのアフリカ人でした。

　そして、コロアネは、自分が生まれ育ったソウェト地区の子どもたちが音楽を学ぶチャンスをつくりたいと思い、妻のムポとAYEを創設し、オーケス

> 自分の可能性を伸ばし、
> いつかソウェト地区の子どもたちの可能性を
> 伸ばしていけるような人になりたい。
> 　　　　　ラト・マケマネ（14歳）

トラでの仕事の合間に子どもたちにバイオリンやビオラを教えるようになったのです。

◆アパルトヘイトは終わったが

　南アフリカでは、17世紀からオランダやイギリスによる植民地化が始まり、1948年には白人支配を強固にするために、アパルトヘイト政策が導入されました。学校も人種別となり、子ども1人あたりの教育予算を比較すると、白人：アフリカ人＝20：1と大きな格差がつくられたのです。

　国連において、「人間性への犯罪」と呼ばれたアパルトヘイトに対し、世界的にも民主化を支援する連帯運動が高まりました。南アフリカ政府の弾圧により多くの犠牲者を出しながらも、反アパルトヘイト運動は拡大し、'94年についに民主化が達成し、新しい政府が誕生しました。

　アパルトヘイト政策は、世界に例をみない格差社会、差別社会をもたらしました。アフリカ人が働ける職業は限られ、出稼ぎに行く人も多く、不安定な生活を強いられていました。両親が子どもといっしょに暮らすことができずに、祖父母に引き取られて育つ子どもがたくさんいました。また、10年ほど前からエイズによって親を失う子どもが増えています。南アフリカでは成人人口の5人に1人がHIV（エイズを引き起こすウィルス）に感染しているといわれています。AYEのメンバーの7割以上が、祖父母や親戚と暮らしたり、シングルマザーの家庭で育つ子どもたちです。

　アフリカきっての大都市であるジョハネスバーグは、1886年に金鉱が見つかったことで都市として発展しました。日本では、「ヨハネスブルグ」と表記されることが多いのですが、現地では、「ジョハネスバーグ」と発音され、地元っ子は短くして「ジョバーグ」「ジョジ」と呼んだりします。

　ジョハネスバーグ市街は、高層ビルが並び、片道3車線の立派な高速道路

ソウェトのノムザモ地区

が街を縦断しています。プールがあるような大きな家が建つ住宅地を過ぎ、車で20分ほど南下すると、急に風景が変わります。そこがソウェトです。周囲が6km以上ある台形型の山は、金鉱を掘ったときの土が積み上げられた巨大なボタ山で、そのボタ山に近い小さな家にラトは住んでいます。風が吹くと粉じんが舞い上がり、洗濯物も砂だらけになってしまいます。

　アパルトヘイト政策によって、職業から締め出されたばかりでなく、アフリカ人は「黒人居住区」に住むことを強制され、市街地は「白人居住区」となりました。白人居住区にあったアフリカ人の家は壊され、黒人居住区に移住させられたのです。アパルトヘイト政策では、住む場所だけでなく、病院、学校、バスや電車、公園などすべてが人種別に区別されていました。

　ソウェトは南アフリカ国内で最大の黒人居住区となり、アパルトヘイト廃止後も山手線の内側ほどの面積に200万人以上が住む地区です。

◆子どもたちに自信と夢を持ってほしい

　世界的なアパルトヘイト政策への批判が高まるなかで、1990年に27年間政治囚と投獄されていたネルソン・マンデラが釈放され、アパルトヘイト廃止に向けての話し合いが始まりました。そして、4年後の'94年にすべての人種による初めての総選挙が実現し、ネルソン・マンデラ大統領が誕生しました。アパルトヘイトは終わり、どこでも自由に住むことができるようになったのです。でも、旧白人居住区の家を買ったり、借りるにはお金がかかります。

　「うちにはお金がないから引っ越せないわ。でも、私はソウェトが好き。みんなが助け合って暮らしているから。5歳のときからバイオリンを教えてくれているムポ先生は、私のお手本です。音楽だけでなく、生活や学校のことでもいつも助けてくれるし、悩みをなんでも相談できるの」とラトは言います。

　夫のコロアネと共にAYEの子どもたちに音楽を教えているムポは、レッス

chapter 5 ▶▶▶ 未来をつくる子どもたち

アフリカン・ユース・アンサンブル（AYE）の練習風景

ンの場だけでなく、日常生活でも子どもたちが抱える問題の相談にのり、必要な支援をして、みんなのお母さんのような存在でもあります。ムポは、夫、娘、母と暮らす4人家族ですが、家に食べるものがない子が食べに来られるように、いつも大きなお鍋で料理をつくっています。

　ムポは、AYEの活動を通し、子どもたちに夢を与えたいと思っています。「私たちアフリカ人は、何百曲もの歌を歌えます。みんな耳で聴いて覚え、美しいハーモニーで歌うの。でも、音符を読める人は少ししかいません。もっと楽器を演奏する人が増えてほしかったし、人種差別の壁でなかなか希望を見いだすことができない子どもたちが熱中できるものを持ち、自信と夢を持ってほしかったのです」とムポは言います。

　AYEの一番の悩みは楽器が揃えられないことでした。数台の楽器を順番に使い練習していましたが、子どもたちが増えてくると限界があります。現地に住み、ソウェトで教育支援の活動をしていた私は夫妻と出会い、AYEの活動に共感し、協力するようになりました。「もっとたくさんの楽器があれば、たくさんの子どもに教えられる。それに、小さな子ども用の楽器もほしい」というムポの願いがかなえられるように、楽器を集める手段はないかと考えていました。

◆楽器を通して、私たちと日本の人びととはつながっている

　1998年のことです。ピースボートが世界一周の南回り航路を始めることになり、南アフリカにも寄港することになりました。その際に、私も南アフリカでの交流プログラムを計画していくことに関わりました。ピースボートにAYEを紹介すると、「ぜひAYEを訪問し、いっしょに音楽を楽しむ交流をしていきたい」ということになり、交流だけでなく、日本国内で呼びかけて、中古の楽器を集めてくれることになったのです。

ラトが頼りにしている
先輩、レシツィ

　それ以来、南回り航路で船がケープタウンに寄港する際に、乗船者のうち数十人の有志が両手に楽器を抱えて飛行機で1200km離れたヨハネスブルグに飛び、AYEのメンバーの家でホームステイをして、一緒に音楽を楽しむ交流を続けています。これまでに届けた楽器は200台以上になります。
　ラトも日本から届けられたバイオリンを使ってきました。「バイオリンは大切に、大切に使い、次の子どもに渡すようにするの。私たちみんなの財産だから」と、日本から渡った楽器が大切にされているようすを話してくれました。先生のムポは、「楽器を通して私たちはいつも日本の人びととつながっています。楽器には、使っていた人の音楽への想いや南アフリカの子どもたちを思う気持ちがつまっているのです」と、感謝の気持ちを語りました。
　日本で集められるものは楽器だけでなく、楽譜や譜面台、弦なども入っています。日本では使用済みの弦も、練習用にまだまだ活躍する機会があります。
　AYEでは、演奏によるボランティア活動も行なっており、孤児院や障がい児施設、エイズの患者さんたちが暮らすホスピス、老人クラブなどを訪問し、コンサートを開いています。初めて生の演奏を聴く人も多く、どこにいっても大歓迎を受けます。また、毎年恒例のクリスマスコンサートには、地域の人たちを招待しています。そういったコンサートには、プロの演奏家になった先輩たちも参加しています。

◆自分の可能性もみんなの可能性も伸ばしたい

　ラトには音楽の名門、ケープタウン大学音楽学部で学ぶ頼りになる先輩、AYEメンバーのレシツィがいます。大学の長期休暇で帰省すると、練習を指導してくれたり、これからの進路などの相談にのってくれます。
「苦労して育ててくれた母と祖母を助けるために、高校を卒業してから働いていたけど、どうしても音楽の勉強がしたくてケープタウン大学を受験しま

chapter 5 》》》 未来をつくる子どもたち

左からコロアネ先生、ラト、
コタツォ、ムポ先生、レシツィ

した。僕の演奏を聴いた教授が、奨学金を得られるようするからぜひここで勉強しなさい、と言ってくれたのです。今では母も祖母も僕のことを誇りに思ってくれています。ソウェトにもどってくると、AYEで毎日のようにみんなと演奏したり、教えたりしています。ここは僕が一番ハッピーになれ、こころがなごむ場所だから」とレシツィは言います。

「レシツィのようにいろいろな可能性に挑戦したい。自分の可能性を伸ばして、それから、いつか自分がソウェトの子どもたちの可能性を伸ばしていけるようになりたい。それが私の希望です」というラトの声には、希望に向かって前向きに生きようとする気持ちがこもっていました。（津山直子）

More Information

◎あなたができること

1) 楽器や機材を集めて、ピースボートを通して南アフリカに送る。

2) 「ピースボール」プロジェクトに寄付して、スラムにサッカー場をつくる。

3) 南アフリカに送る英語の本や絵本「ぐりとぐら」（日本語）を集めたり、書籍梱包作業を手伝う。
　●アジア・アフリカと共に歩む会（TAAA）
　ホームページ　http://www.taaa.jp/
　＊お問い合わせの際に、本書『20の方法』を読みましたとお伝えください

■ AYEの演奏（動画サイト）
http://www.youtube.com/watch?v=2wKdKRMUcSs
http://www.youtube.com/watch?v=qCFGuE1LLIA

20 カナダ
「地球環境サミット」を感動でふるわせた12歳の少女

◆世界を変えるためのヒント

　世界中の子どもたちが幸せになるための最後のヒントとして、12歳のときに立ち上がった女性の話をして、この本を締めくくりたいと思います。彼女の名前はセヴァン・カリス＝スズキ。カナダで生まれ育った日系三世です。自然が大好きなひとりの少女が、アマゾンへ旅したことをきっかけに世界をほんの少し変えた物語が、あなたの「一歩」を後押しすることを願って。

◆セヴァン、9歳の原体験〜カヤポ族の人びとを訪ねて〜

　カナダに生まれたセヴァンは、9歳のころ両親の友人であったカヤポ族の人びとを訪ねて家族でアマゾンを訪れました。カヤポの村はたいへんな奥地にあり、体を色とりどりに塗ったたくさんの人たちが歓迎してくれました。セヴァンはカヤポの子どもたちともすぐ友だちになり、たくさんのことを教えてもらいました。どうやって電気ウナギをつかまえるか、亀はどこに卵を隠すのか。セヴァンは毎日彼らと森に散歩に出かけ、川で泳ぎ、新鮮なパパイヤを木からもいで昼ご飯にしました。カヤポの人びとと同じように、何千年も同じようにして生きてきた人びとに習って暮らしました。

　カヤポの村でのそのときの経験は、セヴァンの心に刻み込まれました。セヴァンはアマゾンで、ブラジルの森と恋に落ち、生物学を学ぶこと、そしてこの美しい森を守ろうと心に決めました。

◆ 10歳で環境クラブを結成

　セヴァンはカナダにもどり、ヴァンクーバーで10歳になりました。自分が見てきた素晴らしい場所のことを友だちに話し、ECO（環境子ども組織）という小さなクラブを結成しました。セヴァンたちは地元の海岸掃除を始めま

chapter 5 　未来をつくる子どもたち

> もし戦争のために使われているお金をぜんぶ、
> 貧しさと環境問題を解決するために使えば
> この地球はすばらしい星になるでしょう。
> 私はまだ子どもだけどそのことを知っています。
> 　　　　セヴァン・カリス＝スズキ（12歳）
> 　　（1992年、国連地球環境サミットにて）

した。インドネシアの先住民、ペナンの人たちのためのチャリティーイベントの手伝いもしました。定期的にニュースレターを発行しました。同世代の子どもたちと、自分たちが学んだ情報をわかち合うためです。

　セヴァンたちはオゾン層に穴が開いていること、大気汚染が気候変動を引き起こしていること、多くの森林がアマゾンと同じように破壊されつつあることを学びました。それらは恐ろしい事実です。でも、小さなプロジェクトでも友だちと一緒に取り組んでいるうちに、セヴァンたちはこうした脅威に立ち向かおうとしている自分たちを楽しめるようになってきました。

◆リオの「環境サミット」を目指して

　12歳になったセヴァンは、あるとき、各国首脳が集まって世界最大規模で環境について話し合う「地球環境サミット」があるという噂を耳にしました。1992年にブラジルのリオ・デ・ジャネイロで開かれる国連の会合で21世紀に向けて、より持続可能な社会をつくる方法を模索するらしい。セヴァンは、この会議の結果にもっとも影響されるのは自分たち（子どもたち！）なのに、この会議には若者の代表が誰もいないことを知り、「ECOこそ子どもたちの代表としてブラジルに行こう！」と決めました。

　セヴァンたちはお菓子を焼いて売り、持っている本を売り、アクセサリーをつくって売りました。地元の若い活動家たちから、どうやって資金集めをするのかを学びました。両親はセヴァンたちに、どうやって自分たちの主張に人びとの耳を傾けさせるか、スピーチの方法を教えてくれました。地元の人たちの支援もあり、セヴァンたちは5人の代表をリオに送るのに十分なお金を集めることができました。

　リオの中心街は軍隊がおおぜいで警護するなか、市内ではさまざまなイベントが繰り広げられていました。セヴァンたちもブースをひとつ借り、興味

大学生になり、セヴァンは再び
アマゾンを訪ねた

を持ってくれる人になら誰にでも声をかけました。機会があればどこででもスピーチをしました。いつでもインタビューに応じ、質問に答えました。

◆伝説のスピーチ

　リオ滞在の最後の日、ユニセフ議長だったグラント氏が、「子どもたちも全体会に参加させるべきだ」とセヴァンたちにスピーチをするよう依頼しました。世界のリーダーたちに向けて発言することができる、待ちに待ったチャンスです。地球サミットの政策会議の会場に向かって、がたがた揺れながら市内を走るタクシーの中で、必死に原稿を書きなぐりました。自分たちが世界のリーダーたちに言いたいことすべてを、なんとかひとつのスピーチにまとめました。

　警備の人たちの間をすり抜けてセッション会場に駆け込みました。大きい会場一杯の各国の代表の人たちを前にして、自分の気持ちをぶつける12歳のセヴァン。その真剣さと説得力に、大人たちは圧倒されました。

　「あなたたち大人は生き方を変えなければいけない。そのことを伝えるために私は来ました」

　冒頭の挨拶からいきなりその場にいる大人たち全員が説教されるなんて、環境サミット史上、前代未聞の話です。各国の代表の中には、あっけにとられている人も少なくありません。「国を代表する前にあなたたちはひとりの人間であり、親であり、誰かの子どもです。そして私たちは、そんなあなた方の子どもです。今、あなたたちが決めているのは、ほかでもない、私たちの未来なのです」

　6分間のスピーチで、森や海が大好きだということ、健康であるためにはきれいな空気や水が必要であること、そして自分の将来について恐怖を抱いていることを話しました。

chapter 5 ≫≫ 未来をつくる子どもたち

アースキャラバンで活躍中のセヴァン

「死んだ川にどうやってサケを呼びもどすのか、あなたは知らないでしょう。……今や砂漠となってしまった場所にどうやって森をよみがえらせるのか、あなたは知らないでしょう。どうやって直すのかわからないものを、こわしつづけるのはもうやめてください」

スピーチが終わったとき、人びとは立ち上がって拍手をしました。驚くほどの反響です。政治家、各界の代表、ドアマンまでが目に涙をためて、大事なことを思い出させてくれてありがとう、とセヴァンたちにいいました。スピーチはサミット会場がある建物全体と国連で再放送されました。

◆大人になったセヴァンから

この本の最後でセヴァンの話を紹介したのは、9歳の少女がアマゾンで感じた直感は正しかったこと、そして直感を信じて続ける地道な努力は報われることを示していると思うからです。誰もが役に立てます。若くても、自分の主張を人びとに聞いてもらうことは、可能なのです。セヴァンだって、彼女の自然への愛情が結局どのようなできごとを起こしていくかなんて、はじめはわかっていませんでした。

今、セヴァンは30歳。結婚し、子どもを生んで、母になりました。大人になり、今度は子どもたちを応援する立場になったのです。セヴァンにとって、"You adults"（あなたたち大人は！）と非難した時代は終わりました。今度は自分たちが「私たち大人が！」と胸を張って言える時代を築く番です。

母として真剣に未来を考えるようになった彼女からのメッセージをもって、この本の最終章を終えたいと思います。

▼母親としての毎日は、どう？
——30年の人生、いろんなことをしてきたけれど、母になるということ

ナマケモノ倶楽部のロゴ

以上に難しく、そして素晴らしいことはありません。毎日、世界に対して視野が広がる感覚、女性はすごいという思いを新たにしています。世の中の母親たちが個人として、家族の中で、そしてコミュニティの中で、どれだけ大切な役割をこなしてきたか、自分が母親になるまでわかっていませんでした。そう、女性はこんなにも社会をつくっているということを！ 女性たちが持つ驚くべき強さを、今、日々実感しています」

▼12歳だったリオサミットの頃から、あなたは変わった？
「もちろん、年をとったぶんだけの変化がありました。今、私はあの頃よりも強く草の根のムーブメントの力を感じているし、社会変革はいろんなレベルで努力がなされてはじめて可能になるのだと思っています。本当の変化は、上からは降ってこないこともわかりました。
でも同時に、12歳の女の子が国連会議の場に出かけていってスピーチをするあの映像を今観ても、問題の核心はずれていなかったと思っています。核心、というのはつまり、私たちの未来は危機的状況にあるということ。環境問題はすべて、『世代間の不正義』であるということ。私たちの今日の行ないが未来を台無しにしていること。そして、未来世代を守るという、人としての神聖な責任を放棄しているということ」

▼カナダや日本の環境や未来について、思うことはありますか？
「日本だけでなく、私が住むカナダも含む先進国に住む人びとが「水を買っている」という事実は、私にはとても恐ろしいことです。私たちの体は７０％以上が水でできています。私たちが毒された水を飲めば、私たちの体も毒されるということになりますね。私たちが「水はきれいでない」という事実を受け入れてしまっていること、そして水を買うお金がない人たちを見

捨ててしまっていることをもう一度考え直したいと思っています。水へのアクセスは、人が生きるために必要な権利です。本来、商品化されてはいけないものなのです。

　もうひとつ大切な問題は「食」です。日本同様、ブリテッシュ・コロンビア州も海からたくさんの食料を得ています。でも今日、水産資源は枯渇しつつあります。カナダの西海岸ではすでにかつていた魚が手に入らない状態になっています。鮭がいなくなってしまったらどうしたらいい？　私たちに、その答えはありません。

　日本でも、必要な量を確保するために毎日世界中からものすごい量の魚を運んで来ています。私たちの食料がどこから来るか、そして私たちが食べ物を取ってしまう結果、どのようなことが起こっているか知るのはとても大切なことです。私たちは、自分たち自身の資源を破壊していること、そして、未来世代の資源を奪っていることを認識する必要があります。そして、もっと長期的に、持続的に利用していくための新しい計画を立てなくてはなりません」

▼この本を読んでいる若い人たちに、メッセージをください。
　「今は、かつてないほどに、若い人たちの声を聞くべき時代です。だって、若い人たちは、権力に対して真実を語ることができる人たちなのだから！　大人は、自分たちが地球を壊す理由、つまり経済成長を続けることや、今のライフスタイルを維持し続けることを「他に選択肢がないから」と正当化します。でも、若い人にとっては、これからの人生が懸かっている話なんです。
　大人が子どもたちの運命を選択していることは、紛れもない事実。でも、その選択ひとつひとつが、子どもたちの未来の現実に対して責任を負うことであることを、都度思い出し、かみしめることができているかしら？　若い

人には、それができるんです。それも、ものすごいエネルギーをもって。

　私には夢があります。それは、世界中の若者が、自分の両親や祖父母の世代に対して問いを投げかける時代をつくること。「ねえ、本当に僕（私）を愛しているなら、持続可能な世界をつくってよ。あなたにあったのと同じだけの夢や希望の機会を僕（私）たちも得ることができるように」、自分の子どもがそう言うのを聞いて、言い逃れができる親なんて、世界中どこを探してもいないでしょう？」

　　　　　（セヴァン・カリス＝スズキ＋小野寺愛・協力：ナマケモノ倶楽部）

More Information

◎ナマケモノ倶楽部（協力）

　1999年7月に生まれたNGO。「ナマケモノになろう！」を合い言葉に、私たちのライフスタイルを「省エネ、平和、循環型」に転換しようと提案・実践しています。南米エクアドルとのフェアトレードのほか、日本では地域通貨、水筒やＭＹはし持ち歩き、100万人のキャンドルナイト運動など、たのしむ環境運動を展開中！

　●ナマケモノ倶楽部ホームページ http://www.sloth.gr.jp

chapter 5 >>> 未来をつくる子どもたち

■セヴァン・カリス゠スズキ

　1979年生まれ。カナダ在住、日系4世。幼いときに両親と訪れたアマゾンへの旅がきっかけで、9歳のときにECO（Environmental Children Organization）という環境学習グループを立ち上げる。1992年、ブラジルのリオ・デ・ジャネイロで「自分たちの将来が決められる会議」が開かれることを聞き、「子どもこそがその会議に参加すべき！」と自分たちで費用を貯め、「地球環境サミット」へ赴く。NGOブースでのねばり強いアピール活動が実を結び、サミット最終日、セヴァンは「子ども代表」としてスピーチするチャンスを得た。12歳にして大人を圧倒させた感動的なスピーチは、「リオの伝説のスピーチ」として、世界中で紹介されることとなる。「地球環境サミット」以降、世界中の学校や企業、国際会議やミーティングに招かれ活動してきたセヴァンは、'93年に「グローバル500賞」を受賞したほか、'97〜2001年にかけては「国連地球憲章」をつくる作業に青年代表として携わった。'02年、アメリカイエール大学卒業と同時に、セヴァンはNGO「スカイフィッシュ・プロジェクト」（セヴァンの大好きな湖から命名）を立ち上げる。'08年には日本で、バイオディーゼル燃料で走る車で3カ月かけて全国を周りながら環境教室を行なう「アースキャラバン」のリーダーも務めた。

　現在は1歳のGanhlaansの母。大切な人、大好きな場所を守りたいという気持ちが、常にセヴァンの心を"行動"へと動かしている。

◎セヴァンからあなたへ、「あなたにできること」

　●外に出よう！　キャンプをしよう！　公園に散歩に行こう！

　　自然こそが持続可能性の専門家。生態系のどの部分も、調和の中で動いていることを自ら体験しに行きましょう。知らないもののためにどうして苦労できるでしょうか？　あるいは、愛してもいないもののために、どうやって闘えるでしょうか？　私たちを生かしている自然のシステムから完全に切り離されてしまったら、人は人ではなくなります。

　●「買う」のを減らしてみよう！　モノを減らしてみよう！

　　先進国に生きる私たちは、あふれるモノで押しつぶされそうです。私たちは人に負けないように買い物をしつづけているようです。奇妙なことですが、モノを所有したい、所有しなければという感情はストレスを引き起こします。でも、アマゾンで数週間暮らしてわかったのです。幸せで満足な人生を送るのに、モノはそれほど必要ではないんです。

Colum5 ① 伝説のスピーチ

1992年6月。ブラジル、リオ・デ・ジャネイロ。環境と開発に関する国連会議(「地球環境サミット」)に集まった世界の指導者たちを前に、12歳の少女セヴァン・スズキは語り始めました。

このコラムでは、その一部を紹介します。

・・・中略
オゾン層にあいた穴をどうやってふさぐのか、あなたは知らないでしょう。
死んだ川にどうやってサケを呼びもどすのか、あなたは知らないでしょう。
絶滅した動物をどうやって生きかえらせるのか、あなたは知らないでしょう。
そして、今や砂漠となってしまった場所にどうやって森をよみがえらせるのか、あなたは知らないでしょう。

どうやって直すのかわからないものを、こわしつづけるのはもうやめてください。

....

〈原文〉
You don't know how to fix the holes in our ozone layer.
You don't know how to bring salmon back up a dead stream.
You don't know how to bring back an animal now extinct.
And you can't bring back forests that once grew where there is now desert.

If you don't know how to fix it, please stop breaking it!

『あなたが世界を変える日── 12歳の少女が環境サミットで語った伝説のスピーチ』セヴァン・カリス＝スズキ〔著〕ナマケモノ倶楽部〔編・訳〕〈学陽書房〉より

Column5 ②
「A World Fit for Us ― わたしたちにふさわしい世界」

　1992年にセヴァン・スズキが「環境サミット」で発言した10年後。2002年にニューヨークの国連本部で、「国連子ども特別総会」が開催されました。60カ国以上の首脳、約180カ国の政府高官をはじめ7000名以上が参加したこの会議では、世界150カ国以上の国ぐにから参加した400名以上の子どもたちが主役でした。その子どもたちが国連総会議場の壇上で、全世界の大人たちに向けたメッセージ『A World Fit for Us（わたしたちにふさわしい世界）』を、以下にほんの一部だけ紹介します。

> 『A World Fit for Us（わたしたちにふさわしい世界）』
>
> （略）
> 今こそ、わたしたちのことを考えてほしいのです。わたしたちは、子どもにふさわしい世界を求めます。なぜなら、わたしたちにふさわしい世界は、すべての人にふさわしい世界だから。
> その世界では、子どもの権利が尊重されています。もう搾取、虐待、暴力はありません。もう戦争はありません。必要な保健ケアが提供されます。HIV/エイズがなくなります。環境が守られています。貧困の悪循環はありません。教育が受けられます。子どもたちが積極的に参加することができます。
> （略）
> わたしたちは世界の子どもです。生まれや育ちは違っても、共通の現実を分かち合っています。わたしたちは、すべての人びとにとってよりよい世界をつくるため、ひとつになったのです。あなたたちはわたしたちを未来と呼びます。けれどもわたしたちは、「今」でもあるのです。

　国連子ども特別総会と子どもたちからの発言を受け、その後世界はどう変わったでしょうか。少しずつであっても、子どもたちのために前進する世界をつくりたいですね。（小野寺愛）

参考：ユニセフが2007年に子どもたちに向けて出した報告書「わたしたちにふさわしい世界 ― あれから5年」
http://www.unicef.or.jp/about_unicef/about_message.html

◆もっと知りたい人のために

★イラク

『子どもたちのイラク』
　　日本国際ボランティアセンター〔著〕岩波書店
『おとなはなぜ戦争するの〈2〉イラク編』
　　佐藤真紀＋本木洋子〔著〕新日本出版社
『おにいちゃん、死んじゃった　イラクのこどもたちとせんそう』
　　谷川俊太郎〔著〕イラクの子どもたち〔絵〕教育画劇

★カンボジア

『走れ！やすほ　にっぽん縦断地雷教室』
　　上　泰歩〔著〕ピースボート〔編〕国土社
『地雷のない世界へ　はたらく地雷探知犬』
　　大塚敦子〔著〕講談社
『地雷　なくそう「悪魔の兵器」を』
　　清水俊弘〔著〕大貫美佐子〔監修〕ポプラ社

★ベトナム

『母は枯葉剤を浴びた―ダイオキシンの傷あと』
　　中村梧郎〔著〕岩波書店
『花はどこへ行った　枯葉剤を浴びたグレッグの生と死』
　　坂田雅子〔著〕トランスビュー
『ベトナムの枯れ葉剤／ダイオキシン問題』
　　ミー・ドアン・タカサキ〔著〕内田正夫〔訳〕

★スーダン

『100円からできる国際協力〈1〉平和を守る』
　　100円からできる国際協力編集委員会〔編〕汐文社
『地球を救う仕事〈1〉平和な世界をつくりたい』
　　くさばよしみ〔著〕汐文社

★パレスチナ

『イスラエル・パレスチナ　平和への架け橋』
　　高橋真樹〔著〕高橋和夫〔監修〕ピースボート〔編〕（高文研）
『パレスチナ　新版』
　　広河隆一〔著〕岩波新書
『ガザの八百屋は今日もからっぽ――封鎖と戦火の日々』
　　小林和香子〔著〕めこん

★ケニア

『子どもたちのアフリカ〈忘れられた大陸〉に希望の架け橋を』
　　石　弘之〔著〕岩波書店

★バングラデシュ

『おしゃれなエコが世界を救う　女社長のフェアトレード奮闘記』
　サフィア・ミニー〔著〕日経BP社

『By Hand　世界を変えるフェアトレード・ファッション』
　サフィア・ミニー〔著〕幻冬舎ルネッサンス

『フェアトレード@Life ──お買い物でイイことしよう』
　藤原千尋〔著〕春秋社

『フェアトレードの時代』
　長尾弥生〔著〕コープ出版

『宮崎あおい＆宮崎将　たりないピース』
　宮崎あおい＆宮崎将〔著〕2025プロジェクト〔編〕小学館

『カラー版　バナナとエビと私たち』
　出雲公三作〔著〕岩波書店

『わたし8歳、カカオ畑で働きつづけて。
　──児童労働者とよばれる2億1800万人の子どもたち』
　岩附由香＋白木朋子＋水寄僚子〔著〕合同出版

『フィリピンの少女ピア──性虐待をのりこえた軌跡』
　中島早苗、野川未央〔著〕フリーザチルドレンジャパン、プレダ基金〔協力〕大月書店

★グアテマラ

『先住民族女性リゴベルタ・メンチュウの挑戦』
　岩倉洋子、上村英明、狐崎知己、新川志保子〔著〕岩波書店

『グアテマラを知るための65章　エリアスタディーズ』
　桜井三枝子〔著〕明石書店

★メキシコ

『スロービジネス』
　中村隆市、辻信一〔著〕ゆっくり堂

『エコロジーの風』（雑誌）
　発行：ウインドファーム

『スローライフから学ぶ地球をまもる絵事典』
　辻信一〔監修〕PHP研究所

『パコのあきまつり〜メキシコのケツァルダンス』
　なおえみちる〔著〕いまいとし〔絵〕リーブル

『スローなカフェのつくりかた』
　吉岡淳〔監修〕自然食通信社

★ブラジル

『ブラジル学を学ぶ人のために』
　富野幹雄、住田育法〔編〕世界思想社

『ブラジルの都市問題　貧困と格差を越えて』
　萩原八郎、田所清克、山崎圭一〔編集〕住田育法〔監修〕春風社

★ベラルーシ

『生きていたい！　チェルノブイリの子どもたちの叫び』
　　チェルノブイリ子ども基金〔編〕小学館

『ニーナ先生と子どもたち』
　　広河隆一〔写真／文〕小学館

『チェルノブイリの祈り　未来の物語』
　　スベトラーナ・アレクシェービッチ〔著〕松本妙子〔訳〕岩波書店

『新版　原発を考える50話』
　　西尾漠〔著〕岩波書店

『食卓にあがった死の灰〈パート3〉チェルノブイリ事故による食品汚染』
　　原子力資料情報室

★ツバル

『ツバル　海抜1メートルの島国　その自然と暮らし』
　　遠藤秀一〔著〕国土社

★フィリピン

『フィリピン女性エンターテイナーの夢と現実』
　　DAWN〔編〕DAWN-Japan〔訳〕明石書店

★コソボ

『コソボ　絶望の淵から明日へ』
　　大石芳野〔著〕岩波書店

『終わらぬ「民族浄化」セルビア・モンテネグロ』
　　木村元彦〔著〕集英社

『嘘つきアーニャの真っ赤な真実』
　　米原万里〔著〕角川書店

★チベット

『愛と非暴力』
　　ダライ・ラマ14世テンジン・ギャツォ〔著〕、三浦順子〔訳〕春秋社

『チベットを知るための50章』
　　石濱裕美子〔編著〕福田宏年〔訳〕明石書店

『セブン・イヤーズ・イン・チベット　チベットの7年』
　　ハインリヒ・ハラー〔著〕角川書店

『雪の下の炎』
　　パルデン・ギャツォ〔著〕檜垣嗣子〔翻訳〕新潮社

『ヒマラヤを越える子供たち』（DVD）
　　MariaBlumencron監督（短編ドキュメンタリー29分）

【モンテッソーリ教育関連図書】

『ママ、ひとりでするのを手伝ってね！』
　　（モンテッソーリ教育入門本）相良敦子〔著〕講談社

『いのちのひみつ』
　　シルヴァーナ Q. モンタナーロ〔著〕マリア・モンテッソーリ研究所〔訳・監修〕中央出版
『月刊クーヨン０～６歳のいまを楽しむモンテッソーリの子育て』
　　2010 年 3 月号（増刊号）クレヨンハウス
『デチタ　でチた　できた！』
　　スーザン・M・スティーブンソン〔著〕中村博子〔訳〕深津高子〔監修〕株式会社ウィンドファーム

★ハワイ

『Through the Eyes of Children - Walking and Learning with Children』
　　Ed Gerlock, Lilette Subedi and farm founder Gigi Cocquio
『ハワイの歴史と文化―悲劇と誇りのモザイクの中で 』
　　矢口 祐人〔著〕中央公論新社
『観光コースでないハワイ』
　　高橋真樹〔著〕高文研

★アメリカ

『ビデオで世界を変えよう』
　　津野敬子〔著〕草思社
『ルポ　貧困大国アメリカ』
　　堤未果〔著〕岩波新書
『銃に恋して　武装するアメリカ市民』
　　半沢隆実〔著〕集英社

★ペルー

『ある遺言のゆくえ　死刑囚・永山則夫がのこしたもの』
　　永山こども基金〔著〕東京シューレ出版
『ペルーを知るための 62 章　エリア・スタディーズ』
　　細谷広美〔編著〕明石書店

★南アフリカ

『南アフリカを知るための 60 章　エリア・スタディーズ』
　　峯陽一〔編〕明石書店
『ぼくは 8 歳、エイズで死んでいくぼくの話を聞いて』
　　青木美由紀〔著〕合同出版

★カナダ

『あなたが世界を変える日　12 歳の少女が環境サミットで語った伝説のスピーチ』
　　セヴァン・カリス＝スズキ〔著〕ナマケモノ倶楽部〔編・訳〕学陽書房
『いのちの中にある地球』
　　デヴィッド・スズキ〔著〕、辻信一〔訳〕日本放送出版協会
『セヴァン・スズキの私にできること』
　　ナマケモノ倶楽部〔著、編〕辻信一〔監修〕ゆっくり堂

おわりに》

人とつながり、
新しい社会をつくることに
一人ひとりが真剣に取り組む時代です

> 今、世界では、3秒にひとりの子どもが亡くなっています。
> 1分半にひとりのお母さんが、妊娠・出産で命を落としています。
> 過去10年で200万人以上の子どもたちが、紛争で亡くなりました。
> 今も、30万人にのぼる子どもたちが、子ども兵士として戦場にいます。
> アマゾンの熱帯雨林は、毎月、東京都ひとつ分の面積を消失しています。
> このままでは北極や南極などの氷が溶けて海水面が上昇し、ニューヨークもロンドンも水没、バングラディシュや南太平洋の島嶼国は、国ごと消えます。

テレビや新聞で報道される「問題」の数々。確かに、今、世界には問題が山積みです。地球に生きるひとりの人間として、そのひとつひとつに対して自分にできることを続けたいと思っています。

ただ、2児の母として、同時にこうも思います。大人が子どもに「温暖化で地球が危ない。紛争も貧困もなくならない。君たちの未来は明るくない」と、ただそれだけ伝えるのは罪ではないかと。

じつは、太陽光は、全人類が必要とするエネルギーの1万倍以上の熱を地球に届けてくれています。集中太陽熱発電を、広大なサハラ砂漠のわずか10km四方に設置すればヨーロッパの電力を賄え、30km四方で世界の電力を賄うことができます。

世界の軍事費のほんの1割でも削減することができたら、世界中の子どもたちが学校に行けるようになります。軍事費をすべて使うことができるなら、

世界中の貧困や食糧、環境問題のほとんどを解決する予算に十分です。核兵器を世界からなくすムーブメントだって、現実味を帯びながら盛り上がっています。世界に数多く存在するこのようなグッドニュースを子どもたちと共有し、それを形にするためにいっしょに動く大人でありたいと思います。

　ピースボートに関わって９年、地球を船で６周するなかで、世界中の子どもたちの「生きる力」や、貧困や紛争の中にあっても強く育つ「希望」に、何度も出会いました。それをひとりでも多くの子どもたち、若い人たち、そしてその親たちと共有したいと思い、この本の執筆、編集に携わりました。
　「悲惨だ」「かわいそうだ」という声や、一時的な支援だけでは、残念ながら世界は変わりません。不公正で持続可能でないシステムを根本から変え、人とつながり、新しい社会をつくることに、一人ひとりが真剣に取り組まなくてはならない時代です。
　自分が見たいと思う風景をまもる、住みたいと思う社会をつくる。それはとても楽しい作業です。世界中の子どもたちが安心して明日を楽しみにできる世界をつくるため、この本を読んでくださった皆さんといっしょに動いていけたら、幸せです。

小野寺愛

◆執筆者紹介 (50音順)

上野　玲（うえの・れい）	ピースボートスタッフ
遠藤秀一（えんどう・しゅういち）	写真家・ツバル国環境親善大使 NPO法人 Tuvalu Overview 代表理事
小野倫子（おの・みちこ）	ピープル・ツリー広報マネージャー
佐々木真理（ささき・まり）	チェルノブイリ子ども基金事務局長
佐藤真紀（さとう・まき）	日本イラク医療支援ネットワーク （JIM-NET）事務局長
下郷さとみ（しもごう・さとみ）	フリーライター
Severn Cullis-Suzuki（セヴァン・カリス＝スズキ）	環境活動家
津山直子（つやま・なおこ）	アフリカ日本協議会理事、関西大学客員教授
中西美絵（なかにし・みえ）	JCCP（日本紛争予防センター）スーダン駐在員
中村隆市（なかむら・りゅういち）	ウィンドファーム代表、 スロービジネススクール校長
深津高子（ふかつ・たかこ）	国際モンテッソーリ教師 ピースボート「子どもの家」アドバイザー
森田幸子（もりた・さちこ）	ピースボートスタッフ
矢澤実穂（やざわ・みほ）	「国際市民ネットワーク」'09年プロジェクトオフィサーとしてコソボに滞在。現在は育児に専念中。

◆編者紹介

小野寺愛（おのでら・あい）
「ピースボート子どもの家」代表、サーファー、2児の母。
旅とウインドサーフィンに明け暮れた学生時代を終え、外資系証券会社勤務を経て、2003年より国際NGOピースボートに勤務。地球を6周するなかで、子ども、環境、生命が大切にされる社会づくりを中心テーマに洋上や寄港地で企画したイベント、教育プログラムの数は数百にのぼる。ピースボートのほか、green parents partyの立ち上げ、国連ミレニアム開発目標の達成を目指す「動く→動かす」などで活動中。共著に『世界から貧しさをなくす30の方法』（合同出版）など。

★ブログ「船乗り日記」：http://ameblo.jp/sunday0106

高橋真樹（たかはし・まさき）
ノンフィクションライター、編集者。
NGOピースボートのスタッフとして、世界60カ国以上を巡りながら、国際協力、難民支援などに携わってきた。紛争地の若者たちの出会いを描いた著書『イスラエル・パレスチナ　平和への架け橋』（高文研）では、平和協同ジャーナリスト基金奨励賞を受賞している。現在は、スロームーブメントを提唱するNGOナマケモノ倶楽部がつくった出版社「ゆっくり堂」（www.yukkurido.com）でも活動中。新著に『観光コースでないハワイ』（高文研）。

★ブログ「しゃろーむ＆さらーむ」：http://ameblo.jp/marae

ピースボート
ピースボートは国際交流の船旅をコーディネートしている非営利のNGOです。各寄港地のNGOや学生たちと交流しながら、国と国との利害関係とはちがった地球市民のネットワークづくりのため、1983年から地球一周など70回以上のクルーズで旅をしてきました。これまでに4万人以上の参加者とともに、世界の約200の土地を訪れています。

★お問い合わせは、http://www.peaceboat.org
　またはピースボート事務局（03-3363-7561）へ

紛争、貧困、環境破壊をなくすために
世界の子どもたちが語る 20 のヒント

2011 年 3 月 1 日　第 1 刷発行
2015 年 6 月 5 日　第 3 刷発行

編著者	小野寺 愛＋高橋真樹
編　者	ピースボート
発行者	上野良治
発行所	合同出版株式会社 東京都千代田区神田神保町 1-44 郵便番号　101-0051 電話　03（3294）3506 振替　00180-9-65422 ホームページ　http://www.godo-shuppan.co.jp/
印刷・製本	新灯印刷株式会社

■刊行図書リストを無料進呈いたします。
■落丁乱丁の際はお取り換えいたします。

本書を無断で複写・転訳載することは、法律で認められている場合を除き、著作権及び出版社の権利の侵害になりますので、その場合にはあらかじめ小社宛てに許諾を求めてください。

ISBN978-4-7726-1009-4　NDC360　210 × 130
ⒸAi Onodera, Masaki Takahashi, Peace Boat, 2011